PEUGEOT
MICHELIN

205 - L'HISTOIRE D'UN DÉFI

Á Jean BOILLOT
grâce à qui nous avons pu vivre cette aventure.

À mon père et à mon fils Nicolas.

Jean TODT

I.S.B.N. 2-08-201815-6

205

L'HISTOIRE D'UN DÉFI

JEAN TODT

avec JEAN-LOUIS MONCET

préface de ENZO FERRARI

FLAMMARION

Sous les directives de Jean TODT, Jean-Louis MONCET a mené son enquête au sein d'Automobiles PEUGEOT et de P.S.A., auprès des hommes qui ont permis la réalisation du projet 205 TURBO 16.

Les deux auteurs ont rédigé côte à côte 205 : l'Histoire d'un défi, Jean TODT pour son action et ses souvenirs personnels, Jean-Louis MONCET pour les faits.

Sommaire

Maranello, 11 septembre 1985

Cher Todt,

A l'occasion de la victoire de Peugeot dans le championnat du monde des rallyes, je souhaite vous exprimer toutes mes félicitations pour la belle réussite de votre maison.

Cet événement me rappelle un lointain souvenir de 1913. Alors adolescent, je feuilletais "la Stampa Automobilistica Illustrata" et je vis la photographie de la Peugeot de Goux qui venait de gagner à Indianapolis, circuit qui allait devenir aussi célèbre que Le Mans.

Six ans plus tard, jeune débutant à la "Targa Florio" en 1919, j'observais de près la Peugeot conduite par Boillot qui remporta cette première édition d'après-guerre de la fameuse course. Je voudrais aussi rappeler mon étonnement lorsqu'en 1923, dînant un soir à la Brasserie Universelle à Paris, je pus lire, en retournant un moulin à poivre, les mots "Brevet Peugeot".

Ces premières rencontres eurent une suite quand je fis la connaissance de l'un de vos ingénieurs, l'Italien Giorgio Boschetti ; tandis que j'achetais plusieurs de vos modèles, Ferrari eut le plaisir de fournir, dès 1964, des voitures Grand Tourisme à Roland Peugeot.

Ce retour victorieux de Peugeot au plus haut niveau de la recherche technique évolutive renforce encore une fois ma conviction que l'avenir de l'automobile, qui estnée et a progressé grâce aux courses, passe par le sport.

Salutations cordiales.

Enzo Ferrari

Maranello, 11 Settembre 1985

Gentile Todt,

nell'occasione della vittoria Peugeot nel Campionato Mondiale Rallyes desidero farvi giungere l'espressione del mio compiacimento per la bella realizzazione della vostra Casa.

Questo avvenimento mi riporta alla memoria il lontano 1913 quando, adolescente, sfogliando " La Stampa Automobilistica Illustrata " vidi la fotografia della Peugeot di Goux vincitrice sull'anello di Indianapolis, destinato a divenire famoso nel mondo come Le Mans.

Sei anni piu' tardi, esordiente alla Targa Florio del 1919, vidi da vicino la Peugeot di Boillot tagliare vittoriosa il traguardo di quella prima edizione del dopoguerra. Aggiungo poi la mia sorpresa, quando nel 1923 a Parigi,una sera a cena alla Brasserie Universelle, capovolgendo un macinapepe lessi la scritta " Brevet Peugeot ".

Questi primi incontri ebbero un seguito quando conobbi un vostro progettista, l'italiano ingegnere Giorgio Boschetti; mentre io acquistai diversi vostri modelli, la Ferrari ebbe il piacere di fornire fin dal 1964 alcune vetture Gran Turismo a Roland Peugeot.

Questo vittorioso ritorno della Peugeot al piu' alto livello nel campo della ricerca tecnica ed evolutiva mi convince ancor piu' che il futuro dell'automobile, nata e progredita grazie alle corse, e' nello Sport.

Cordiali saluti,

Ferrari

L'ÉPREUVE SPÉCIALE

Jean Todt, dont le regard est de coutume si mobile et si perçant, fixe un point indéfini sur la portière de la voiture blanche qui porte, décalqué en noir, un gros numéro 2. Émotion ? Curieux, car ce diable d'homme, s'il est sensible, s'extériorise rarement.

Placé devant le capot de la machine silencieuse, le mécanicien fait un signe de connivence à Ari Vatanen, le pilote : tout est prêt, le dernier écrou de roue est serré. Descendue de ses crics, la 205 se campe sur ses quatre gros pneus à petits clous. Vatanen et son navigateur, Terry Harryman, finissent d'ajuster leur casque intégral, et vérifient par la même occasion le bon fonctionnement de leur liaison-radio par le canal de laquelle Harryman débitera tout à l'heure les notes, c'est-à-dire la description détaillée de chaque portion de route et de chaque virage de l'épreuve de classement, la vitesse à laquelle il faut les aborder, les négocier, puis en extraire la voiture.

Contact. Vatanen appuie sur le démarreur. Derrière, dans la bulle — le capot arrière de la 205 —, le moteur produit un borborygme, aussitôt suivi d'un son rauque et saccadé ; ça bafouille à la sortie de l'échappement secoué de vigoureux soubresauts. Cette rusticité de bruit, si elle paraît peu orthodoxe et même suspecte à une oreille non initiée, est au contraire un signe rassurant pour Jean Todt, patron de Peugeot-Talbot Sport, direction de la compétition d'Automobiles Peugeot, en même temps que pour les mécaniciens qui entourent la voiture, et bien sûr pour Ari Vatanen qui la perçoit comme une musique réconfortante. Et d'ailleurs, pour éclaircir la voix de la 205, il appuie d'un coup sec et bref sur la pédale d'accélérateur. Gavé par l'arrivée d'essence, le gros quatre cylindres double arbre toussote puis monte en régime avec un fort rugissement de fauve repu. Il couvre le crépitement monotone des groupes électrogènes qui fournissent vaillamment l'éclairage de ce point d'assistance technique, cet ilôt de lumière crue appartenant à l'imagerie des rallyes et que la 205 va quitter dans l'instant. Au coup d'accélérateur, la voiture vibre de toutes ses structures. Vatanen allume les codes et enclenche la première dans un claquement sec de transmission. La voiture démarre doucement. Au passage, le mécanicien lui administre une tape amicale.

Jean Todt a vu le geste. Il l'approuve d'un sourire, crispé cependant, car dans l'arrière-pays niçois, en ce froid et sombre matin de janvier — il est six heures — l'atmosphère est tendue dans le clan Peugeot. Les yeux bleus, brillants, Todt n'arrive pas à retenir un haussement de sourcils, ni à étouffer des raclements de gorge qui trahissent sa forte émotion. Et tandis que, déjà loin, Vatanen tire sur les régimes en escaladant la grille des rapports de boîte, Todt se tourne

Sous la lumière crue des projecteurs, Vatanen sort de la nuit, les traits creusés et en nage.

Ari Vatanen en terrain ami ; le nom de l'hôtel : chez Harri. Un supporter ?

Page de gauche : Accrochée à la paroi des Alpes, la 205 Turbo 16 fonce vers Monte-Carlo. Un passage impressionnant qui exprime bien la bravoure des grands rallymen.

vers son entourage et lâche d'une voix blanche : *« Cette fois, on y est ; c'est la dernière. »*

C'est en effet la trente-troisième et dernière épreuve de classement du rallye Monte-Carlo 1985, qui a été, pour l'équipe Peugeot-Talbot Sport, particulièrement incertain et donc éprouvant. En 1984, la 205 a effectué ses débuts en compétition au Tour de Corse, puis en Grèce, avant d'obtenir une extraordinaire et historique série de trois succès consécutifs en Finlande, en Italie et en Angleterre. Au terme de cette prestigieuse moisson de victoires de la fin 1984 a commencé en janvier 1985, avec le rallye Monte-Carlo, une nouvelle saison du championnat du monde où Peugeot s'est fixé comme objectif le titre mondial.

Vatanen a disparu au détour d'un virage, le pinceau des projecteurs éclaire au loin l'autre versant de la vallée, et on n'entend plus de la 205 qu'un vague ronronnement qui s'estompe. Todt revient vers sa voiture, d'un pas lent, inhabituel pour lui. Gagner Monte-Carlo serait une quatrième victoire d'affilée à ajouter aux trois autres.

« Un truc magnifique », doit-il penser, comme s'il voulait se débarrasser d'un doute. Superstitieux, il ne veut pas, il ne peut pas y croire. Et pourtant, si dans cette trente-troisième épreuve spéciale Vatanen n'a pas d'ennuis, il gagne le rallye Monte-Carlo à coup sûr, et pose ainsi la première pierre — la plus convoitée — du championnat du monde.

Todt s'installe au volant de la 205 Turbo 16 de série avec laquelle il a suivi la course kilomètre après kilomètre. Les deux mains sur le volant, il ferme les yeux, l'espace d'un instant. Pour une fois, il est fatigué. André de Cortanze, assis à côté de lui, éprouve la même lassitude.

La 205 débouche dans le hameau et vient s'arrêter doucement devant la table de contrôle. Vatanen surprend les badauds qui entourent le contrôle par la fixité de son regard. Mais c'est chez lui une physionomie coutumière quand il se concentre. Autour de lui, dans l'ombre, ce ne sont que sourires, dents blanches et encouragements. Ces admirateurs d'un instant le voient vainqueur ; pour eux, c'est acquis. Le contrôleur rend le carnet de bord à Harryman. Ils ont trois minutes pour être au départ de l'épreuve de classement, qui va de Loda à Luceram — à quelques kilomètres de Nice — en empruntant les cols de Porte et Saint-Roch. Harryman vérifie une nouvelle fois l'horaire. Avant-hier, à Gap, il a été induit en erreur par une correction sur le carnet, et l'équipage a écopé de huit minutes de pénalisation. De quoi mettre toute l'écurie Peugeot à cran !

Loda-Luceram. Un rallye de vitesse est, sauf le Safari par exemple, constitué d'un itinéraire de 1 500 à 3 500 kilomètres. Certains secteurs spécifiques de cet itinéraire (les plus spectaculaires, ou bien les moins fréquentés par les habitants du lieu) sont appelés épreuve spéciale, ou épreuve de classement, comme ce tronçon de route entre les villages de Loda et de Luceram : ils sont de longueur très variée, et, à la date du rallye, fermés à la circulation courante pour être réservés aux seules voitures de course. Les concurrents y pénètrent un à un, pour y disputer une épreuve de vitesse. Un chronométreur leur donne le signal de départ, une cellule photoélectrique juge l'arrivée : le temps écoulé entre les deux lignes est ainsi chronométré à la seconde près. Chaque concurrent accumule ainsi des résultats qui lui donnent sa place dans le classement général.

Vatanen est donc en tête de la course à l'orée de cette ultime épreuve de classement. Il délaisse le poste de contrôle pour rejoindre la ligne de départ et se mettre aux ordres du chronométreur qui va lui donner le signal. Puis, sur un geste de celui-ci, il avance de quelques mètres, plaçant les deux roues avant de la voiture sur la ligne blanche. Dans la lumière blafarde de deux ou trois loupiotes, l'homme lui fait un signe, l'index tendu, vertical : il ne reste qu'une minute avant le départ.

Les yeux noirs, brillants, presque fiévreux de Vatanen tentent de scruter la nuit, puis reviennent vers ces personnages un peu irréels, glacés, dont l'haleine est presque palpable tant le froid est vif. Ari embrasse d'un regard furtif la scène du contrôle pour se réfugier à nouveau dans sa concentration. Dans l'intercom qui relie les deux casques, il voudrait se rassurer une nouvelle fois. Il est à deux doigts de demander à Harryman quelque chose comme : *« Qu'est-ce qu'il y a après la ligne droite ? »* Mais il le sait, il s'en souvient : il n'est pas l'un des meilleurs rallymen du monde pour rien. Il peut, après quelques passages de reconnaissance, visualiser les points névralgiques d'une épreuve spéciale, et mémoriser ainsi des centaines de kilomètres. Ce n'est pas un don : simplement un métier.

Et il se rappelle : après la ligne droite, c'est un léger droite — 50 mètres — pour droite 80 qui referme pour gauche 100 et 200 mètres épingle à gauche. Là, on attaque la montée.

Devant les yeux du pilote, le chronométreur croise les deux index : 30 secondes. Vatanen aquiesce. Il jette un coup d'œil sur la première page du cahier qu'Harryman a soigneusement calé sur ses genoux, et qui est éclairé par le lecteur de cartes. Il n'y a pas de notes soulignées en rouge qui signifieraient que, passant quelques heures avant lui, son ouvreur aurait décelé des plaques de glace. Celles-ci, toujours placées à l'ombre dans la journée, sont aisément repérables ; elles sont, la nuit, autant de pièges qui se referment sur le pilote et peuvent ruiner quarante heures d'efforts pour gagner une poignée de secondes d'avance au mépris de tous les risques.

Non, pas de rouge. C'est plutôt quelques kilomètres plus loin, et quelques pages plus loin dans le cahier de Terry, qu'il entendra le fameux *« Ice »* annoncé d'une voix forte, et néanmoins flegmatique. Il le sait, Ari, c'est vers le pont de l'Infernet et à l'abord du col de Porte qu'il faudra faire attention. Le chronométreur lui projette deux fois la paume de sa main ouverte, doigts écartés : 10 secondes.

Ari aquiesce, mais du pied cette fois, en appuyant sur la pédale d'accélérateur. Le moteur répond, rassurant, et, dès cet instant-là, le pilote ne va plus cesser de le solliciter, à grandes rasades. Il bascule deux interrupteurs à côté du volant, et aux phares d'origine de la voiture s'ajoute la rampe des six projecteurs blancs additionnels. Devant la 205, c'est le plein jour.

Une main, celle du chronométreur, près du pare-brise, dont les doigts vont se refermer un à un au rythme de chaque seconde. 5, dit la main. Vatanen affermit ses mains autour du volant de cuir à jante épaisse, et relance le moteur, plus haut. 4, 3 : deux longs coups d'accélérateur. Dans le dos de l'équipage, ça vocifère. 2 : la tension monte, en même temps que le ton. Derrière, dans la bulle, c'est la rage. Vatanen regarde la main du chronométreur, puis le compte-tours de la 205 pour vérifier ce que son oreille entend : l'aiguille est bien fixée sur 5 000 tours. A ce régime, le moteur délivre son couple maximum, sa puissance d'accélération.

Un éclair du pouce, et le chronométreur enlève son poing dans une parade de torero qui esquive. Terry avale sa salive. Ari libère la bête.

Sans la moindre amorce de glissade — c'est l'œuvre de la transmission à quatre roues motrices — les gros Michelin mordent l'asphalte et la 205 prend aussitôt de la vitesse, elle fonce déjà vers Luceram, projetant devant elle son faisceau de lumière éblouissante. Trois, quatre, cinq, Vatanen tape sur son levier de vitesse plutôt qu'il ne le saisit. Oublié, le bout de

Derrière Vatanen victorieux, Salonen (3e) sur cette photo, et Saby (5e) ont complété le triomphe de la 205.

ligne droite. Harryman annonce le droite léger. Vatanen soulage la pression de son pied sur l'accélérateur, puis l'écrase de nouveau, instantanément. Au moment où il a « levé », comme on dit en jargon de course, un léger ralentissement de la 205 s'est produit, mais il n'est perceptible que par ceux qui ont l'oreille accoutumée. Ici, normalement, ça passe à fond, mais par cette précaution, Ari assure son passage.

50 mètres pour droite 80 qui referme. Aussitôt, il déplace ses mains sur le volant : position horizontale vers position oblique ; simultanément, il écrase la pédale de frein de la moitié de son pied droit, tandis que l'autre moitié appuie brièvement sur l'accélérateur pour autoriser le rétrogradage des vitesses grâce au bon régime/moteur, manœuvre classique du talon-pointe. Il relâche le pied gauche de la pédale d'embrayage, quatrième, puis deuxième. Pour freiner tardivement, il a volontairement sauté la troisième. Et, aussitôt, le pied droit écrase de nouveau l'accélérateur, tandis que la 205 se rue dans le virage. Il lui a fallu moins de trois secondes pour exécuter ces gestes ahurissants qui font pourtant partie de sa routine.

Les kilomètres de l'épreuve se succèdent. La descente du col Saint-Roch apparaît déjà dans les phares de la 205, en même temps qu'Harryman continue de débiter la litanie des notes. *« Gauche sur gravier ! »* a dit Harryman !

Ari semble détaché de la scène dans laquelle il joue cependant le premier rôle. Paradoxe du comédien ? Non : il s'agit simplement de la dernière épreuve de classement — il se le répète une nouvelle fois —, il redouble d'attention en allant moins vite, comme s'il avait le temps. C'est cela,

PEUGEOT TALBOT SPORT
Shell

Les bras du vainqueur sont levés bien haut par ceux qui reconnaissent sa victoire. De gauche à droite, Timo Salonen, Ari Vatanen, Walter Röhrl, Christian Geistdorffer (coéquipier de Röhrl), Terry Harryman (coéquipier de Vatanen), Jean-François Fauchille (coéquipier de Saby, Bruno Saby et Seppo Harjanne (coéquipier de Salonen), sur le podium d'arrivée du rallye Monte-Carlo 1985.

Double page précédente :

La 205, l'enfant-chéri du public français.

assurer un résultat. Il perçoit parfaitement tous les obstacles qui se jettent au-devant de la 205. Il s'autorise même une fantaisie. Gravier ? Du pied gauche, il donne un petit coup de frein sec. Vieille technique importée de Scandinavie : instantanément la 205 se met en travers et est ralentie, par ses freins évidemment, mais aussi par la retenue de ses quatre roues en dérapage latéral. Il redresse : les phares éclairent les gestes d'enthousiasme des spectateurs, c'est juste ce qui leur plaît. Il sourit intérieurement. Une seconde de détente. Il savait que là, il aurait un éclair de répit.

Après se succèdent des paysages sinistres pour le rallyman qu'il est : le rocher à droite, le précipice à gauche. Sur la route des rallyes, il y a fort peu de rails de sécurité. Sauf cas exceptionnel, il ne faut pas solliciter ses limites, ni celles de la voiture, car au-delà, c'est l'éternité. Il y a une marge à conserver, très étroite, qui se situe quelque part entre la vraie trajectoire qu'on utilise sur un circuit — ligne de passage idéale mais qui ne laisse subsister aucune issue en cas d'erreur ou d'incident — et une autre trajectoire qui s'ouvre un peu moins largement, qui est un peu moins rapide, sur laquelle veille la providence des pilotes routiers.

Épingle : freinage brutal ; Ari rentre la deuxième, puis la première. Sous l'effet de la décélération, la voiture louvoie, et il aligne les roues avant ... sur une rangée de chaussures : celles des spectateurs ébahis d'admiration, confiants et inconscients.

Dans la bulle de la 205, le moteur continue de hurler à tout va. Harryman tourne la dernière page de son dernier cahier de notes. Vatanen aperçoit un premier drapeau à damier stylisé sur un panneau, et, deux cents mètres plus loin un autre drapeau : celui de la ligne d'arrivée qu'il franchit à fond, accélérateur au plancher, avant de freiner sèchement et d'arrêter la voiture auprès d'une énième table de contrôle. Il débranche l'intercom, déboucle son casque et le retire. Il est rouge, il a le visage brûlant. Par l'interstice ménagé dans sa vitre en plexiglas, il entend des applaudissements. Il sourit.

Une dernière formalité : rejoindre la principauté de Monaco, le terme du rallye le plus populaire, le plus huppé, le plus réputé dans le monde, le rallye Monte-Carlo.

En démarrant du contrôle, il lorgne vers le micro de l'émetteur-récepteur qui le relie au réseau radio Peugeot-Talbot Sport. Mais Harryman l'a déjà devancé, et, sur les ondes, il annonce à Jean Todt le temps : 14 minutes 43 secondes.

Au-delà de la performance, c'est avant tout le geste qui rassure. La dernière spéciale est achevée, la 205 s'en est parfaitement tirée. A cet instant-là, Vatanen prend conscience de sa victoire. Il pense à Todt qui vient de l'apprendre. Les cœurs battent dans les gorges. L'émotion des gens sincères et simples. Todt pense à ses hommes, à toute l'entreprise d'Automobiles Peugeot et à ces points qui viennent de marquer le premier pas vers le championnat du monde. Sur le port de Monaco, Vatanen est fêté comme il se doit. Son grand rival, l'Allemand Walter Röhrl, qui court pour le compte d'Audi, lui prend la main et la lève bien haut, désignant ainsi le vainqueur.

Dans la foule des spectateurs agglutinés autour du podium, un enfant, juché sur les épaules de son père, lui dit : « *Fais-moi voir la 205.* »

HISTOIRE D'UN COÉQUIPIER

Jean Todt est né le 25 février 1946 à Pierrefort, dans le Cantal. Son père est médecin généraliste dans cette région. Un homme courageux que le docteur Todt: jeune émigré polonais débarquant à Paris à dix-sept ans, il fait ses études le jour et travaille la nuit pour les payer, puis part en Auvergne pour devenir médecin de campagne. Il a perdu toute sa famille pendant la guerre, en Pologne. Il délaisse ensuite l'Auvergne pour venir s'installer dans la région parisienne, près d'Argenteuil,

Le petit Jean a trois ans lorsqu'il arrive à Bezons: il va passer là toute sa jeunesse, avec sa sœur.

Il mène l'existence sans histoire d'un petit garçon, d'abord à l'école communale, puis au collège Paul-Lapie à Courbevoie; une existence qui aurait pu se poursuivre tranquillement jusqu'aux classes terminales si Jean n'avait eu, en ces années 1962-1963, la passion exclusive de l'automobile, doublée d'un désir unique: faire de la course. Avec la clairvoyance et la gentillesse d'un père indulgent, le docteur Todt essaie de convaincre son fils que toute carrière intéressante passe par le chemin de l'Université. Il en fait de même avec sa fille Michèle qui obtiendra son diplôme de pharmacienne. Jean aquiesce bien sûr, mais sa passion est plus forte que la raison. Il rate la première partie de son bac.

Son père le fait entrer dans un cours privé, puis quelques mois plus tard à l'École des cadres, mais rien n'y fait. Il a deux personnages hors du commun en tête, qui sont au centre de ses conversations, comme s'ils étaient à tout moment à ses côtés: Jim Clark et Dan Gurney, deux pilotes de Formule 1 de très grande renommée. Gurney, outre son habileté de conducteur, construit ses propres monoplaces, Jim Clark est l'expression même du talent. Jean a eu l'occasion de les approcher une fois dans la réalité: il jubilait d'enthousiasme et de respect contenus.

Avec le docteur Todt.

A cette époque-là, Jean Todt fait également connaissance avec le milieu sportif automobile français, par le biais de l'AGACI, un club parisien qui connaît de belles heures, tandis qu'à l'École des cadres, il parle pilotage et voitures avec d'autres élèves dont Jean-Claude Lefebvre.

Avant même d'avoir eu son permis, Jean a déjà fait ses premières armes au volant: sur un parcours bien précis, long des quelque trois cents mètres de la maison au garage, il conduit la Dauphine que son père veut bien lui laisser manœuvrer et remiser. Il se concentre, il attaque, il est le plus rapide du monde, ça ne fait aucun doute. Si Clark était là, il n'aurait qu'à bien se tenir, il lui montrerait ce qu'il sait faire! Combien de garçons de cet âge ont rêvé ainsi en manœuvrant pour la première fois la clef de contact de la voiture de papa? Des milliers sans doute. Mais chez ce petit bonhomme, c'est un feu qui est allumé, c'est un moteur de course qui rugit, celui d'une Formule 1.

A dix-huit ans, Jean fait à peu près ce qu'il veut. Si, dans la maison du docteur Todt, on parle voiture, c'est naturellement lui qui tranche. Ses opinions en la matière sont incontestées. Et c'est ainsi que, convaincu, le docteur Todt devient un beau matin de 1964 l'heureux propriétaire d'une Austin Cooper 1000, petite auto sympathique, pas chère, et d'un tempérament qui a suscité bien des vocations. Jean délaisse alors sa Paloma Super Strada Flash améliorée — dont il parle encore aujourd'hui avec affection, et sur les deux roues de laquelle il rivalisait d'ardeur et de virtuosité avec ses copains de Bezons — pour la Cooper, véritable objet de toutes les tentations. Il l'emprunte un vendredi, soi-disant pour aller passer le week-end chez des amis. En réalité, il donne le volant de la Cooper à un copain qui lui semble plein de talents, s'installe à côté, à la place du navigateur, et les voilà tous les deux partis disputer le rallye d'Anjou.

Ils terminent la course et rentrent à Paris, mais la Cooper n'a plus de pression d'huile. Jean avoue l'escapade à son père: il se refuse à lui mentir et s'y refusera d'ailleurs toujours. Le docteur Todt est plus qu'indulgent. Il accepte même de remplacer la Cooper par une Triumph TR4 d'occasion. On vend la Cooper: Jean se souvient du luxe de précautions qu'il a dû prendre pour faire refroidir la voiture au moment de la présenter au garagiste qui en effectuait la reprise, car il fallait bien que le manomètre de pression d'huile indiquât une mesure décente et insoupçonnable.

Premier rallye chez les professionnels : le criterium des Cévennes 1966, avec Guy Chasseuil au volant de la NSU. La photo est prise dans l'épreuve de Saint-Julien de la Nef où Chasseuil avait fait un essai avec Todt.

Coéquipier de son ami Jean-Claude Lefebvre sur la Renault 8 Gordini de ce dernier, au rallye de la Côte fleurie 1966.

Bientôt, l'automobile paternelle ne suffit plus, Jean veut avoir la sienne. C'est la période des fêtes de fin d'année : il livre les chocolats de la Marquise de Sévigné ; il est payé à la course et fait l'acquisition d'une Dauphine. La bande de copains a souvent rendez-vous au garage Madelaine à Asnières fréquenté par Jean-François Piot, déjà rallyman connu, qui y fait préparer sa voiture. *« Il ne savait pas qui nous étions, il ne nous regardait même pas, on était des merdeux »*, dit-il en décrivant les garçons muets d'admiration, à la fois humbles et vantards devant l'un des gros bras de l'époque.

Autre lieu de rendez-vous privilégié : les paddocks de la Coupe Gordini. Jean-Claude Lefebvre dispute cette série qui servira de base au renouveau du sport automobile français. Sa R8 Gordini est préparée par le père de Guy Chasseuil, lui aussi déjà réputé. Jean est toujours de la partie. Il suit, il n'a pas beaucoup d'argent : *« J'aurais pu en demander à mon père, mais je ne le souhaitais pas. Je ne voulais pas qu'il participe, qu'il devienne en quelque sorte mon complice. La course automobile est très dangereuse. Qu'il m'y ait encouragé et qu'il me soit arrivé un accident : il s'en serait voulu à tout jamais, et sa vie aurait été ruinée. »* C'est un raisonnement humain, que peu de garçons auraient tenu, et qui indique bien la maturité précoce du jeune Todt. S'il n'est pas directement acteur, Jean se forge néanmoins une petite expérience de la course. Il observe, il analyse, il scrute, rien n'échappe à son regard vif.

Sur les circuits automobiles français, il rencontre Jean Guichet, qui a gagné les 24 heures du Mans, Jo Schlesser, Guy Ligier, Claude Buchet, Jean-Louis Marnat, Claude Ballot-Léna, des pilotes français en vue.

Tout cela est très exaltant. La Dauphine, achetée grâce aux livraisons de chocolats, ne fait pas de vieux os. Sur la route, Jean attaque fort, et même si fort qu'il paie cet excès d'enthousiasme d'un tonneau. Son premier investissement est réduit à néant. Il persévère dans différents petits jobs et parvient à remplacer sa Dauphine par une jolie Alfa-Romeo Giulietta Sprint. Déjà peu assidu à l'École des cadres, il ne la fréquente plus guère qu'épisodiquement, avant de cesser définitivement d'y aller. Et il commence à courir plus souvent.

En 1966, il a vingt ans. Il accompagne un copain au critérium des Cévennes, épreuve française alors très cotée. C'est la grande époque des Alpine-Renault et des NSU TT : Jean Vinatier, Gérard Larrousse, Guy Chasseuil, Marie-Claude Beaumont... Le coéquipier de Chasseuil est malade. *« Je vais voir Guy, qui partage sa chambre avec un débutant — il s'appelle Darniche —, je lui propose mes services. Il me fixe un rendez-vous le lendemain à Saint-Julien-de-la-Nef pour faire un essai, qui est concluant. Et pour la première fois de ma carrière, j'ai navigué avec un professionnel. J'ai été déçu, je dois l'avouer ; non pas par Chasseuil directement, mais par ce que j'ai perçu des pilotes professionnels lors de cette première expérience. Je les prenais tous pour des surhommes, je pensais que la course, vue sous cet angle, serait pour moi une autre planète. Or, il n'en a rien été. Je comprenais tout ce qui se passait dans l'habitacle, je percevais tous les gestes, les détails, les manœuvres, les techniques... Et par la suite, j'ai observé un fait : chaque fois que la situation m'échappait, chaque fois que je ne comprenais plus les manœuvres du pilote, c'est que nous étions en train de sortir de la route. Accessoirement, j'en ai déduit qu'il n'y avait pas de surhomme... »*

L'expérience avec Chasseuil et NSU est concluante. Suffisamment pour que le pilote lui propose un accord pour l'année suivante sur quelques épreuves. En attendant, il font en commun les reconnaissances du rallye Monte-Carlo, et ses frais lui sont payés. Jean reçoit ainsi ses premiers subsides. Dans la spirale des pilotes professionnels, il

Rallye Vercors-Vivarais 1967 : Bernard Consten qui joue le titre de champion de France contre Gérard Larrousse, demande à Jean Todt d'être son coéquipier, à bord de cette Alfa-Romeo.

La passion de Jean Todt était avant tout le pilotage. Il est ici au premier plan durant un briefing des pilotes avant une course à Montlhéry. On reconnait Johnny Servoz-Gavin de face au 1er plan.

commence à connaître les nouvelles étoiles du pilotage en France : Jean-Pierre Beltoise, Henri Pescarolo, Jean-Pierre Jabouille.

Et la saison 1967 commence, pour lui, au rallye des Routes du Nord avec Chasseuil. Les épreuves routières ne l'empêchent cependant pas de suivre assidûment les cours de l'école de pilotage de Magny-Cours en même temps que Jean-Claude Andruet, François Mazet et d'autres bouillants garçons qui doivent se souvenir que Jean attaquait très fort, et sacrifiait sans doute l'efficacité à la hargne et à l'impulsion. Sur route, il dispute une huitaine de rallyes dans la NSU de Chasseuil, et c'est précisément avec NSU qu'il fait les premiers pas d'une carrière internationale. Jean parle allemand (au lycée, il excellait en langues vivantes) : l'usine NSU lui demande d'être le coéquipier du champion d'Allemagne Karl Heinz Panowitz. Ensuite sa carrière s'enchaîne logiquement. Il fait la connaissance de Bernard Consten, en Corse. Consten est en bagarre avec Gérard Larrousse pour le titre de champion de France. Il demande à Todt d'être son coéquipier au rallye du Vercors-Vivarais où il conduit une Alfa-Roméo GTA. Il est l'un des rallymen les plus en vue de ces années.

Inconnu il y a quelques mois, Jean commence à avoir la réputation d'un navigateur sérieux auprès des pilotes à côté desquels il monte : Consten, Andruet, Piot par exemple. A cette époque pourtant, son plus cher désir est toujours de piloter lui-même. Il n'a pas pu faire le volant Shell car lors des sélections pour la demi-finale, il a été éliminé pour être sorti de la piste dans la grande courbe du circuit de Magny-Cours. NSU lui prête une voiture pour quelques rallyes, mais il sort également beaucoup de la route, toujours en attaquant trop fort.

Aux 24 heures de Spa-Francorchamps, réservées aux voitures de tourisme spéciales. Jean-François Piot lui fait confiance : ils partagent tous les deux le volant d'une Renault 8 Gordini, l'autre R8 étant conduite par Bob Wollek et Alain Serpaggi. Piot est très fier de son copain Todt qui s'avère être le plus rapide des quatre aux essais, jusqu'au moment où il fait un magistral tête à queue et une spectaculaire sortie de piste dans le fameux virage de Stavelot. Il est éjecté de la voiture, mais s'en tire sans mal. La voiture, quoique très endommagée, est reconstruite durant la nuit, mais le lendemain, estimant impossible que cette voiture soit l'épave de la veille, les commissaires lui refusent le départ.

Au cours du deuxième semestre 1968, divers événements orientent définitivement la carrière de Todt. Après Spa, Piot lui prête encore une R8 Gordini, avec laquelle il fait quelques bons résultats. Bon gré mal gré, il s'affirme sur le plan pilotage, il peut même avoir accès à un volant de monoplace, en catégorie Formule France, dans l'équipe Elina montée par Jean-Pierre Beltoise. L'autre pilote serait Jean-Pierre Jarier. Parallèlement, sa carrière de coéquipier continue avec Andruet, Piot et même Jean Guichet qui remplace Piot en Corse à bord d'une Alpine-Renault : ce sera le début d'une longue amitié avec Guichet. Le rallye lui apporte de quoi subsister, et même mieux : il s'achète une merveille, un spider Ferrari California.

Il sent bien, au fond de lui, qu'il va falloir choisir dans peu de temps entre la route et la piste, entre le métier de navigateur et celui de pilote. Au moment où il est en train d'évaluer les deux possibilités, survient un incident qui oriente définitivement son choix. Au rallye de Picardie, grâce à l'appui de Bernard Consten, Alfa-Romeo lui a prêté une voiture. C'est une belle opportunité car avec cette Alfa, il peut réussir un excellent résultat. Son propre navigateur est Jean-Paul Behra, le fils du grand champion. Il a bien reconnu le parcours, et fait des temps d'essai très prometteurs. Malheureusement, sur le premier secteur de liaison, il percute

Au volant d'une R8 Gordini, en circuit.

Ci-contre : « J'attaquais trop » dit Jean Todt. C'était à l'évidence son gros défaut. La petite NSU n° 78 achève sa course en mauvaise posture.

un chauffard qui, ne l'ayant pas vu arriver, lui a coupé la route. Il se souvient : « *Il avait son permis de conduire depuis la veille et portait des lunettes grosses comme des culs de bouteille.* »

Émotion, découragement, superstition, qui sait ? Il estime qu'il vient de manquer sa chance, il en a marre. Il tire un trait : il ne sera pas pilote.

Jean Todt est perfectionniste jusqu'au bout des ongles. Il a décidé d'être navigateur ? Dans cette voie-là, il veut, il doit être le meilleur du monde.

En 1969, il s'installe aux côtés de Jean-François Piot pour une saison complète comportant quelques épreuves internationales qui structurent aujourd'hui encore le calendrier mondial. Pour la première fois, les rallyes le transportent hors de l'hexagone.

Pour lui, il ne fait aucun doute qu'être le meilleur coéquipier du monde implique nécessairement de travailler pour le plus grand nombre d'équipes d'usine, auprès des pilotes les plus réputés, français ou étrangers.

Il déploie dans son métier une rare méticulosité. Le fait qu'il ait un don extraordinaire pour le calcul mental ne l'empêche pas de « *vérifier dix fois que 12 heures et 30 minutes font bien midi et demi* ».

Sa crainte de l'erreur est viscérale. Il estime en avoir fait une seule et unique au cours des centaines de rallyes qu'il a disputés, ce qui est purement exceptionnel. « *C'était à l'Olympia Rallye, une épreuve extrêmement longue,* se rappelle-t-il, *que nous avons par ailleurs gagnée Jean-Pierre (Nicolas) et moi. J'ai pointé avec une minute d'avance. J'étais fatigué.* » Les règlements internationaux interdisent de dé-

Carrière cosmopolite de Jean Todt : il est ici le coéquipier de Jean-François Piot au rallye Monte-Carlo 1969 dans cette Ford Escort anglaise.

Peugeot met un pied très discret dans la compétition routière avec cette berline 504, au tour de Corse 1970, conduite par l'équipage Jean Guichet-Jean Todt. La voiture est immatriculée dans les Bouches-du-Rhône.

passer par avance ou par retard les temps impartis sur les secteurs de liaison entre chaque épreuve de classement.

Perfection et réputation, tels sont les objectifs de Todt, et il les atteindra, ne cessant d'être réclamé au fur et à mesure de sa carrière par les meilleurs rallymen du monde qui sont en France : Jean-François Piot, Jean-Pierre Nicolas, Jean Vinatier, Jean-Claude Andruet, Jean-Luc Thérier, Jean Guichet, Bernard Consten, Jean-Pierre Beltoise pour le fameux Tour de France sur les Matra, Guy Fréquelin ; et à l'étranger : Rauno Aaltonen, Ove Anderson, Hannu Mikkola, Achim Warmbold, Timo Makinen.

En 1970, son ami Jean Guichet sait que, chez Peugeot, quelques personnes voudraient remettre le doigt dans l'engrenage de la compétition où la firme de Sochaux n'est plus apparue depuis de longues années. Parmi elles, Gérald Allégret, directeur des relations extérieures. Jean Todt est intéressé, non sans une arrière-pensée : deux ans auparavant, il a été quelques mois durant responsable sportif chez NSU. Il s'y est considérablement ennuyé, se sentant *« enfermé dans un placard »*. Peu après, il a transporté ses pénates à la Fédération française du sport automobile pour travailler avec le directeur, mais il y a *« dormi trois mois dans un bureau »*. Peugeot est l'un des rares grands constructeurs chez qui la course n'a aucun écho. Tout est donc à créer, et ce serait sans nul doute beaucoup plus intéressant que les expériences NSU et FFSA. C'est une vision prophétique.

Sur les incitations de Jean Guichet, Jean Todt prend donc contact avec Gérald Allégret qui lui fait part de ses intentions de disputer le Tour de Corse. Après un rapide examen, ses choix tombent sur une 504 et une 304, braves berlines de tourisme à levier de vitesse au volant, préparées par le centre d'essais de Sochaux. Elles sont un peu plus performantes que les modèles de série, vaguement équipées ; elles sont immatriculées dans les Bouches-du-Rhône et non dans le Doubs, où est située la majeure partie des usines Peugeot, pour qu'il n'y ait aucune interprétation erronée et aucune confusion possible.

Un départ à pas comptés, mais qui ne sera pas sans lendemain. En effet, après ce Tour de Corse, où la 504 de Guichet-Todt rejoint l'arrivée — la 304 de Jabouille-Flocon ayant renoncé hors délais — Todt continue d'entretenir des relations avec Allégret. Ayant de plus en plus de flair en matière de sport automobile, il le conseille honnêtement et utilement, et ses opinions lui conféreront peu à peu une juste crédibilité auprès du constructeur, notamment dans les décisions qui concernent le choix des pilotes. C'est ainsi que, lorsque les occasions s'en présentent, des rallymen très réputés comme Hannu Mikkola, Simo Lampinen, Tony Fall et bien sûr Timo Makinen prendront du service chez Peugeot. Ce sont tous des grands noms de l'époque, qui, très peu payés, ne font là que quelques *« heures supplémentaires »*. Tout se passe à la bonne franquette.

Au fil des mois, puis des années, la mentalité change chez Peugeot. Insensiblement.

Les voitures ne sont plus immatriculées 13, mais 25, elles prennent quelques petites couleurs, la puissance de leur moteur s'accroît. Des très modestes 140 chevaux, on arrive à 160 et plus encore lorsque le coupé 504 V6 entrera en lice.

Dans cet embryon de service compétition, qui existe bien mais qui n'en porte surtout pas le nom, Jean Todt occupe une place attitrée de conseiller. Lorsqu'il est à Paris, il se rend régulièrement dans le bureau de Gérald Allégret, mais ne connaît en fait que fort peu de monde au 75 de l'avenue de la Grande-Armée.

La célèbre victoire dans le Tour de France 1970 avec Jean-Pierre Beltoise sur la Matra.

Autre équipage célèbre : Mikkola-Todt chez Fiat.

Coéquipier du très rapide Achim Warbold sur cette BMW d'usine. C'était au R.A.C.-rallye en 1970.

Un tonneau avec Timo Makinen dans ce coupé Mercedes, durant la Vuelta d'Amérique du sud.

Avec cette Sunbeam-Lotus, Talbot fut champion du monde des rallyes en 1981, la dernière saison de Jean Todt.

Du fait de leur conformation, de leur architecture et de leurs destinées commerciales, on dirige plutôt les 504, berlines ou coupés V6, vers les rallyes de type africain, comme le Safari au Kenya, le Maroc, et plus tard, la Côte-d'Ivoire. Elles sont toujours construites et préparées à Sochaux. Puis, aux côtés des 504, les 104 font leur apparition et se taillent vite une bonne réputation, dans les courses sur glace notamment, qui sont de plus en plus à la mode durant la saison hivernale à Chamonix ou à Serre-Chevalier.

Jean Todt est toujours là, à l'arrière-plan. Pour lui, l'existence est agréable : il prend part à tous les grands rallyes, dans les meilleures équipes ; il a chez Peugeot une place plus prépondérante qu'il n'y paraît, et il gagne bien sa vie.

Cependant, sans qu'il le distingue nettement car il n'est pas du genre à pratiquer couramment l'introspection, un changement s'opère en lui, il découvre un monde nouveau. Le rôle de coéquipier est avantageux, mais est-il suffisant ? Diriger une équipe, organiser, bâtir, voilà qui apparaît autrement plus intéressant, d'autant qu'il commence à bien cerner la multitude de problèmes qui se posent.

Et puis, lorsqu'il courait pour BMW ou pour Mercedes (le marathon Londres-Sidney ou le Tour d'Amérique du Sud), il était déjà beaucoup plus qu'un coéquipier.

Il ajoute bientôt une autre fonction à son emploi du temps, une fonction, disons, officielle : il devient le représentant des pilotes de rallye auprès du pouvoir sportif international.

Enfin n'a-t-il pas décidé qu'il arrêterait de courir à trente-cinq ans ? Il n'est plus loin de la trentaine, il y songe parfois : peut-être qu'un beau jour, Gérald Allégret lui passera directement le flambeau.

Ce ne sera pourtant pas aussi simple. Au contraire : les années passent, le phénomène sport automobile prend de l'ampleur chez Peugeot, tout en restant limité au coupé 504 V6 et à quelques projets d'avenir plus ou moins tangibles. Mais il est clair qu'il faut maintenant un responsable à la tête de la compétition, et que ce ne sera pas Gérald Allégret dont la santé n'est pas florissante.

Fin des années 70, début des années 80 : Jean Todt court le monde. Dans les unités anglaises du groupe PSA (Peugeot SA) il y a Sunbeam (qui va devenir Talbot), et chez Sunbeam se trouve un autre passionné de compétition : Des O'Dell, un Irlandais bouillant, coléreux, acharné et sympathique, qui s'est forgé une expérience de la course dans les rangs de la grande équipe Aston Martin et au sein de Chrysler où il a tiré un bon parti des Avenger en catégorie « Saloon cars ». Avec le pragmatisme qui caractérise les Britanniques dans la course automobile et un sens aigu de l'observation, Des O'Dell a imaginé, entre autres folies, d'installer un gros moteur Lotus double arbre à cames en tête dans une petite caisse de Sunbeam. Ce projet mis au point, il tient, en réalité, une très bonne petite auto de rallye qui, à la fois par ses performances et sa simplicité d'exploitation, se place dans un secteur particulier, entre les voitures de la nouvelle génération, sophistiquées, et les autres, trop peu élaborées.

Une petite auto si bonne qu'en 81, elle rapportera à Talbot un titre de champion du monde des constructeurs. Jean Todt est, bien sûr, de cette aventure, et n'a pas trop le temps de penser à l'avenir.

C'est finalement un directeur régional qui est nommé à la tête de la compétition chez Peugeot, où il est responsable d'un service rallyes. Il s'appelle Claude Charavay. Tel qu'on peut l'imaginer, le premier contact Todt-Charavay, qui déterminera l'atmosphère de leurs rapports futurs, est plutôt sec. D'une part, parce que Jean est quelque peu amer — on le conçoit aisément —, d'autre part et surtout parce que Charavay, parachuté dans cette fonction, n'a aucune expérience, ni connaissance spécifique en matière de course automobile. Les raisons de son arrivée dans ce secteur d'activités sont complexes à expliquer. On peut en supposer deux : malgré les apparences, les responsables d'Automobiles Peugeot ne s'intéressent pas à la compétition, sans doute parce qu'on ne leur apporte pas d'idées réellement nouvelles ; peut-être ignorent-ils aussi le prix de l'expérience dans ce métier ainsi que la somme de compétences qu'il faut réunir pour l'exercer.

Claude Charavay ne parvient donc pas à maîtriser le problème. Le fossé qui sépare les hommes, les machines, l'organisation, se creuse. Dans ces conditions, la direction générale répugne à prendre des décisions, et les résultats, bien évidemment, s'en ressentent. La majeure partie de la presse automobile spécialisée commence à s'interroger sur l'avenir de la course chez Peugeot, et constate que le bon choix, aussi bien tactique que technique, n'a pas été opéré.

La situation de Jean est délicate : il a deux contrats de coéquipier dans le groupe PSA ; l'un avec Talbot, dans l'équipe Sunbeam-Lotus, l'autre avec Peugeot, pour les rallyes avec les coupés 504 ; et, pour l'extérieur, il demeure, involontairement de surcroît, le conseiller de Peugeot, et cela vis-à-vis d'un responsable compétition qui est censé diriger la barque.

Les années 1980 et surtout 1981 se présentent en des termes ambigus. Au sein de l'entreprise, Jean Todt est soutenu par ceux qui connaissent et aiment la course : Des O'Dell, et avec lui, toute l'équipe Talbot-Lotus ; Olivier Quesnel, qui était alors responsable des formules de promotion et occupe aujourd'hui d'importantes fonctions dans un groupe de presse automobile ; Guy Fréquelin, qui est avec Henri Toivonen le pilote des Talbot-Lotus ; Corrado Provera, directeur de l'information d'Automobiles Peugeot, qui, à l'occasion du rallye de Côte-d'Ivoire en octobre 1980, touche du doigt la situation. Enfin, Jean Todt reçoit l'appui de quelques rares journalistes, qui ont, au fil des courses, fait le constat des erreurs accumulées par Charavay et menacent d'y faire écho.

En juin 1981, Roland Peugeot, son fils Jean-Philippe et Corrado Provera demandent à Jean Boillot, le président d'Automobiles Peugeot, de recevoir Todt. Il accepte, mais il est clair : c'est pour s'informer, et s'informer seulement. Todt lui explique la situation et trace, par la même occasion, une image de ce que pourrait être la compétition à l'échelle réelle de Peugeot. A la fin de l'entretien, Jean Boillot prévoit de reprendre éventuellement contact avec Todt, qui s'en retourne à son baquet de copilote dans le coupé 504 V6, ou dans la Talbot-Lotus en train de gagner le championnat du monde. Comme il l'a dit au terme de leur première rencontre, Jean Boillot renoue le dialogue avec Jean Todt. En septembre, il le reçoit et l'entretien se poursuit avec Lucien Collaine, le directeur général de la société. Avec l'un et l'autre, Jean entre dans les détails du programme sportif cohérent qu'il a si souvent imaginé. A cette date-là, ce projet M 24 Rallye (M 24 est le nom de code de la future Peugeot qui ne porte pas encore celui de 205) est en train de germer. Jean Boillot autorise Todt à voyager dans les méandres de la société, pour savoir dans quelles conditions il peut mener son action ; il lui permet même de compulser le budget, preuve de la confiance qu'il lui accorde déjà. Et, lors de la troisième entrevue Jean Boillot-Jean Todt, il apparaît clairement acquis que si Peugeot se lance dans une opération rallyes de grande envergure, Todt en sera l'un des piliers, sinon l'animateur.

Comme Jean connaît mal les rouages de la maison, Jean-Philippe Peugeot intervient, en lui ouvrant certaines portes comme celles des bureaux d'études de la Garenne-Colombes. Ils rencontrent Michel Forichon et l'un de ses adjoints, l'ingénieur Bernard Perron. Quelques jours plus tard, Jean-Philippe obtient pour Jean un rendez-vous avec Vic Dial, le patron du commercial. Et le processus s'engage. Dans le cercle des amis de Jean, on se moquait volontiers de sa tendance à paresser au lit jusqu'à des heures avancées de la matinée, souvent onze heures. Son existence bascule. Il est debout à sept heures tous les matins, multiplie ses contacts, et ce n'est plus lui qui, aux côtés de Guy Fréquelin, effectue les reconnaissances du rallye San Remo : c'est à Jean-François Fauchille qu'échoit la tâche de relever les notes que Jean, pendant la course, lira à Fréquelin.

Ensuite les événements se précipitent, Jean Todt revoit Jean Boillot, Lucien Collaine et Jacques Delubac, le directeur du personnel de la société, pour discuter de son contrat. Au lendemain de l'arrivée du rallye San Remo, le 19 octobre, on annonce qu'il prend la direction de la compétition d'Automobiles Peugeot.

Après de longues années de routes et de succès, Jean Todt aspire à autre chose.

Prix de l'Académie des Sports. A gauche, Roland Peugeot.

Quatre périodes bien distinctes : *en haut,* jeune pilote de rallye, avec son ami Jean-Paul Behra. Le temps des copains avec Jacques Dutronc qui prenait pour la première fois le volant d'une monoplace. *En bas :* coéquipier sérieux et cheville ouvrière de l'organisation Talbot en 81 avec Guy Fréquelin. Père de famille : Jean et Nicolas Todt.

JEAN BOILLOT = M 24

Lorsqu'il engage Jean Todt, Jean Boillot ne peut encore supposer quel sera le succès de tous ces projets : ni celui de la M 24, auquel il travaille lui-même depuis plus de cinq ans, ni celui de la M 24 Rallye, proposé par Jean Todt. Certes, en homme intègre et sincère, il appelle ce succès du plus profond du cœur : c'est pourquoi il met tout en œuvre pour l'obtenir, et l'on mesure aujourd'hui quelle opiniâtreté il a déployée. Le phénomène 205 se rattache à deux réalités exceptionnelles. La première tient à une date de naissance commune, à un lancement simultané de la 205, produit de série et nouveau porte-drapeau d'Automobiles Peugeot, et de la 205 Turbo 16, voiture de course extrapolée de la première dans la forme comme dans l'esprit foncièrement nouvelle. La deuxième réalité correspond au succès — à nouveau simultané et corollaire — des deux autos, l'une dans sa carrière commerciale, avec d'impressionnants chiffres de vente, l'autre dans sa carrière sportive, avec des débuts fracassants et une série de victoires sans précédent dans le difficile championnat du monde des rallyes. 205 et 205 Turbo 16 sont sœurs par le sang et par le succès.

Quand, il y a trente et un ans, le jeune licencié en droit Jean Boillot entre à Automobiles Peugeot, il est surtout compétent en matière de finances et d'affaires bancaires. Il sait peu de chose de la course automobile, sinon l'existence de deux homonymes célèbres, les frères Boillot, pilotes d'avions et de voitures de course émérites dans les grands prix de l'époque ainsi qu'aux 500 Miles d'Indianapolis. En revanche, depuis 1954, il a appris tout ce qui se rapporte à la production automobile, et c'est lui que nous retrouvons, en 1977, comme membre du directoire de la société Peugeot, au moment où il est pour la première fois question du projet 205 de série, sous son nom de code.

L'objectif fixé au projet M 24 est de remplacer le haut de la gamme 104, et le bas de la gamme moyenne 305, à l'horizon 1982-1983. Cet objectif est articulé autour d'une définition originale à plus d'un titre : d'abord parce qu'elle est concomitante de la décision de créer une série d'organes mécaniques communs, notamment moteurs et boîtes de vitesses, dans le groupe PSA, deux ans après le rachat de Citroën à Michelin. La M 24 peut ainsi bénéficier de deux séries de moteurs, ceux de la Française de Mécanique, société filiale, de 900 à 1 400 cm^3, et ceux de la série XU, de 1 500 à 2 000 cm^3. Originale ensuite, parce que l'architecture de cette M 24 doit être suffisamment souple pour absorber ces deux motorisations, l'une avec boîte de vitesses au bout du moteur, l'autre sous le moteur, et doit répondre, dans son train roulant, à des puissances variant, selon les modèles, de quarante-cinq à cent vingt chevaux.

A cette date déjà, Jean Boillot et ses collaborateurs sont impressionnés par le succès d'un constructeur concurrent dans le secteur des petites sportives — celui de Volkswagen avec la Golf GTI — et pour eux, il ne fait aucun doute qu'il y aura une extrapolation M 24 de ce type. Un projet ambitieux, par conséquent, mais qu'il faut empêcher de dériver pour qu'il n'empiète pas sur les produits qui lui sont voisins.

La M 24 brigue de grands résultats, et elle devra faire montre d'un style particulier, marquant une politique de changement délibéré dans un secteur où Peugeot n'a jamais bien réussi à s'implanter, excepté peut-être avec la 204, quoique celle-ci n'ait pas été une réussite à l'exportation. Et Peugeot, constructeur de produits de gamme moyenne et moyenne-haute (403, 404, 504 et plus tard 505) doit réussir à briser la glace avec ce nouveau segment de voiture multi-versions. Telle est la philosophie de la M 24.

Outre ces perspectives de motorisations différenciées, Jean Boillot a sur son bureau des plans séduisants : une suspension arrière en "pi", une cinquième porte profilée, un réservoir de carburant implanté sous les sièges, avec des formes intégrées. Dans chacune de leurs spécialités, les différentes divisions du bureau d'études ont fait du bon travail. L'équipe de Gérard Welter, responsable du style, a même poussé plus loin ses investigations en dessinant une M 24 résolument sportive, aux contours charpentés et affermis par comparaison avec les lignes fines et fluides du dessin retenu pour la série. Aux retouches près, cette esquisse est celle de la ligne actuelle de la 205 Turbo 16 : une fiction prémonitoire.

Le sport, Jean Boillot en parle comme *« d'une idée qui a toujours existé dans la conscience collective d'Automobiles Peugeot »*. Une sorte de culte des succès intervenus avant et après la Première Guerre mondiale. D'ailleurs, leur rémanence pousse de temps à autre certains services à lorgner du côté de la course, sans qu'à l'évidence le phénomène prenne trop d'ampleur. Ainsi, Peugeot a récolté de belles victoires dans les rallyes africains, mais celles-ci n'ont pas été un catalyseur propre à déclencher un engagement plus régulier et plus important. Et, pour peu que certains en aient eu l'idée, la compétition routière, jadis à base de voitures de série plus ou moins préparées, a évolué vers des champs d'expérimentation authentiquement sportifs réservés à des voitures de course de haut niveau : Peugeot n'a pas, dans sa gamme, de modèle qui réponde à cette exigence.

Au moment de la constitution du groupe PSA, tous les aspects de la compétition ont été envisagés — rallyes, raids, Formule 1 —, notamment par Talbot qui a besoin de s'affirmer comme constructeur à part entière, et c'est finalement la Formule 1 qui a été retenue, sous la forme d'une commandite de l'écurie Ligier — avec certaines études

Jean Boillot, président d'Automobiles Peugeot, et Jean Todt, directeur de Peugeot-Talbot Sport.

techniques communes —, plutôt qu'une participation directe.

Et puis est venue l'époque de la fusion Peugeot-Talbot ; Peugeot est alors engagé directement dans la spirale des grands prix.

« Une aventure intéressante, souligne Jean Boillot, *elle m'a montré le monde de la compétition automobile que je ne connaissais pas bien, et en même temps les difficultés considérables d'une opération à trois partenaires. »*

Cette opération F 1 n'aura pas le succès qu'on lui prédit. Au moment de l'engagement de Talbot, la F1 est en pleine mutation — avec les dangers de l'effet de sol et la percée de la suralimentation — et en plein conflit. De plus, les sommes qu'il faut y investir apparaissent faramineuses. Jean Boillot entretient des relations plutôt amicales avec Guy Ligier, mais assez difficiles avec le troisième partenaire qui est Matra.

Et pour plusieurs raisons, financières notamment, le moteur étudié par Matra ne dépassera pas le stade du banc d'essai. Deux ans plus tard, on n'est donc toujours pas parvenu à trouver l'équilibre général des relations entre les trois partenaires, pas plus que l'équilibre financier, les projets de motorisation demeurant en l'état, effroyablement coûteux. C'est l'impasse, et elle est d'autant plus difficile que, dans cette affaire, l'image de Peugeot-Talbot n'est pas celle d'un constructeur automobile par opposition à Renault, directement engagé, ce qui est finalement tout à fait contraire au but recherché. Jean Boillot en arrive donc à deux conclusions : Peugeot doit faire de la compétition de haut niveau pour se donner une image plus dynamique et étayer l'arrivée de la 205, mais rester le seul et unique maître d'œuvre de cette réalisation sportive future.

A ce moment-là, le président Boillot connaît déjà Jean Todt. Il sait qu'il est compétent en matière de course automobile, qu'il a, de longue date, conseillé et orienté l'action de Peugeot dans les quelques rallyes entrepris par Sochaux, qu'il soutient des idées séduisantes, notamment sur l'avènement des voitures à quatre roues motrices — il les lui a déjà exposées, mais elles n'ont pas abouti puisque Peugeot-Talbot est engagé en F1 — et que, enfin, il a la réputation dans tout le milieu automobile d'un organisateur rigoureux et d'un gestionnaire hors pair. Et Jean Boillot ajoute aujourd'hui : *« Il justifiera sa réputation par des qualités remarquables. »* Mais pour l'heure, il hésite à engager Todt. Dans les mois qui suivent la fusion, la situation d'Automobiles Peugeot est critique et très déséquilibrée. Au sein de la société, nombreux sont ceux qui estiment que c'est folie que de se lancer dans un programme compétition à la fois ambitieux, coûteux et incertain, alors que le navire prend l'eau. D'autres sont d'un avis contraire, persuadés qu'il faut agir, et sans tarder, pour redresser la barre.

Paradoxalement, toute l'affaire Ligier F1 milite en faveur de Jean Todt. Jean Boillot, convaincu qu'il faut mettre un terme à l'aventure des grands prix, sait aussi qu'il doit immédiatement la remplacer par une autre opération, sous peine d'affaiblir encore plus l'image d'Automobiles Peugeot.

Finalement, il engage Todt en octobre 1981, on l'a vu, pour installer les structures de Peugeot-Talbot Sport. Jean Boillot avoue qu'il était *« complètement dans le brouillard »,* ne sachant pas ce que deviendrait cette filiale, ni sous quelle forme elle exercerait ses compétences. Par elle-même ? Avec le réseau ? Avec les clients ? Des questions qui n'avaient, pour l'heure, que des réponses floues.

Le premier semestre 1982 s'écoule ainsi : Jean Todt travaille d'arrache-pied, prépare son programme, établit son budget et, argument qui sera décisif, prévoit une éventuelle date de lancement de son projet sportif le même jour que le lancement de la 205 de série.

A la fin du printemps 1982, tout est prêt : Jean Boillot prend connaissance du programme et du budget, tandis qu'une maquette d'implantation des organes de la future voiture lui est présentée. Elle est le fruit des nombreuses heures de travail d'un « comité M 24 Rallye » composé de Jean Todt, de Jean-Claude Vaucard et de membres de la direction technique de PSA installée à la Garenne-Colombes, près de Paris, dont Hubert Allera, directeur des groupes d'organe, et Bernard Perron, l'architecte du projet. C'est au président, seul responsable, et donc isolé, de prendre la décision de ratifier ou non les travaux. Il analyse une à une les clauses du programme, il est confiant dans les capacités de ses hommes, mais est perplexe quant au budget qui, étant donné l'ampleur du plan, risque de dépasser les prévisions les plus pessimistes. Il se donne le temps des vacances pour réfléchir.

L'existence de la voiture ne tient qu'à un fil. En effet la situation financière du groupe est telle que tous les investissements sont arrêtés. Au retour il lui faudra prendre une décision, et d'autant plus rapidement qu'il y a un compte à rebours à respecter si Peugeot veut réussir cette entreprise magnifique qui consiste à montrer le même jour, et côte à côte, la M 24 et la M 24 Rallye.

Et finalement, fin août 1982, après avoir engagé les négociations permettant de mettre un terme à la participation de Talbot au programme F1, et s'être assuré de la direction générale du groupe, en particulier de l'appui de Jean-Paul Parayre, Jean Boillot accepte le projet dans sa totalité. Trois ans plus tard, il ajoute : *« Je ne l'ai jamais regretté. »*

Durant cette période, Lucien Collaine supervise, auprès de Jean Boillot, la production, les méthodes et les achats. Il est le témoin attentif de l'éclosion du projet né, comme il le souligne, de ces deux personnalités exceptionnelles que sont Jean Boillot et Jean Todt. Il est aussi le confident et il connaît l'isolement du président, ce dernier se plaisant à dire : *« Entre le bureau de Lucien Collaine et le mien, il y a une porte, et elle est souvent ouverte. »*

Lucien Collaine se souvient : *« Jean Boillot et moi étions du même avis : Todt avait l'envergure pour mener l'opération à bien, les bureaux d'études avaient fourni un travail remarquable qui devait soutenir la 205. Mais cette médaille avait son revers : la compétition, c'est toujours l'aventure, et aussi l'inflation... Nous étions à la fois enthousiastes et réservés. »* Cependant la décision prise, le processus s'engage irréversiblement, non sans succès, non sans peine également : la 205 Turbo 16 de série donnera à Lucien Collaine quelques soucis sur le plan de la qualité.

Mais aujourd'hui, et bien qu'il ait pris sa retraite, il attend avec impatience le fidèle coup de téléphone de Jean Todt au terme de chaque rallye.

A partir d'août 1982, Jean Boillot rencontre souvent Jean Todt qui l'informe constamment de tout ce qui concerne la M 24 Rallye. Ainsi, au cours de l'une de ces petites réunions informelles, vont-ils donner un nom de baptême définitif à la voiture. Méthodique, Jean Todt a inscrit sur une feuille de papier une multitude de sigles, ceux de la concurrence, pour comparer et éviter toute similitude. Que la voiture s'appelle 205 ne fait aucun doute, ni pour l'un ni pour l'autre, mais il faut la qualifier plus précisément, la placer dans une hiérarchie. Jean Boillot tient essentiellement à ce que le patronyme rappelle le haut niveau d'élaboration du projet. Le thème des quatre roues motrices est écarté parce qu'il y a déjà la Quattro d'Audi, et parce qu'il est fort probable que dans l'avenir les voitures utilisant ce type de transmission seront nombreuses.

A l'inverse le turbo-compresseur est toujours signe de modernité et de vélocité, et la distribution à quatre soupapes par cylindres, image de sophistication. Des « turbo à seize soupapes », il n'en existe que fort peu sur le marché. Enfin, l'architecture d'une voiture est toujours visible de l'extérieur — il n'est donc pas nécessaire de la définir — alors que la motorisation est interne, et il faut donc la souligner. En vingt minutes, ce matin-là, sans études de marketing ni de communication, mais avec beaucoup de bon sens, Jean Boillot et Jean Todt ont baptisé la voiture : la M 24 Rallye s'appellera Peugeot 205 Turbo 16.

Quelques mois plus tard, dès ses premières participations, la 205 Turbo 16 aura des milliers de supporters, de Jacques Calvet, le président du groupe PSA, aux collaborateurs de l'entreprise à tous les niveaux.

La gamme complète des 205 : série quatre portes, série deux portes, diesel, GTI, Turbo 16 série 200, Turbo 16 compétition.

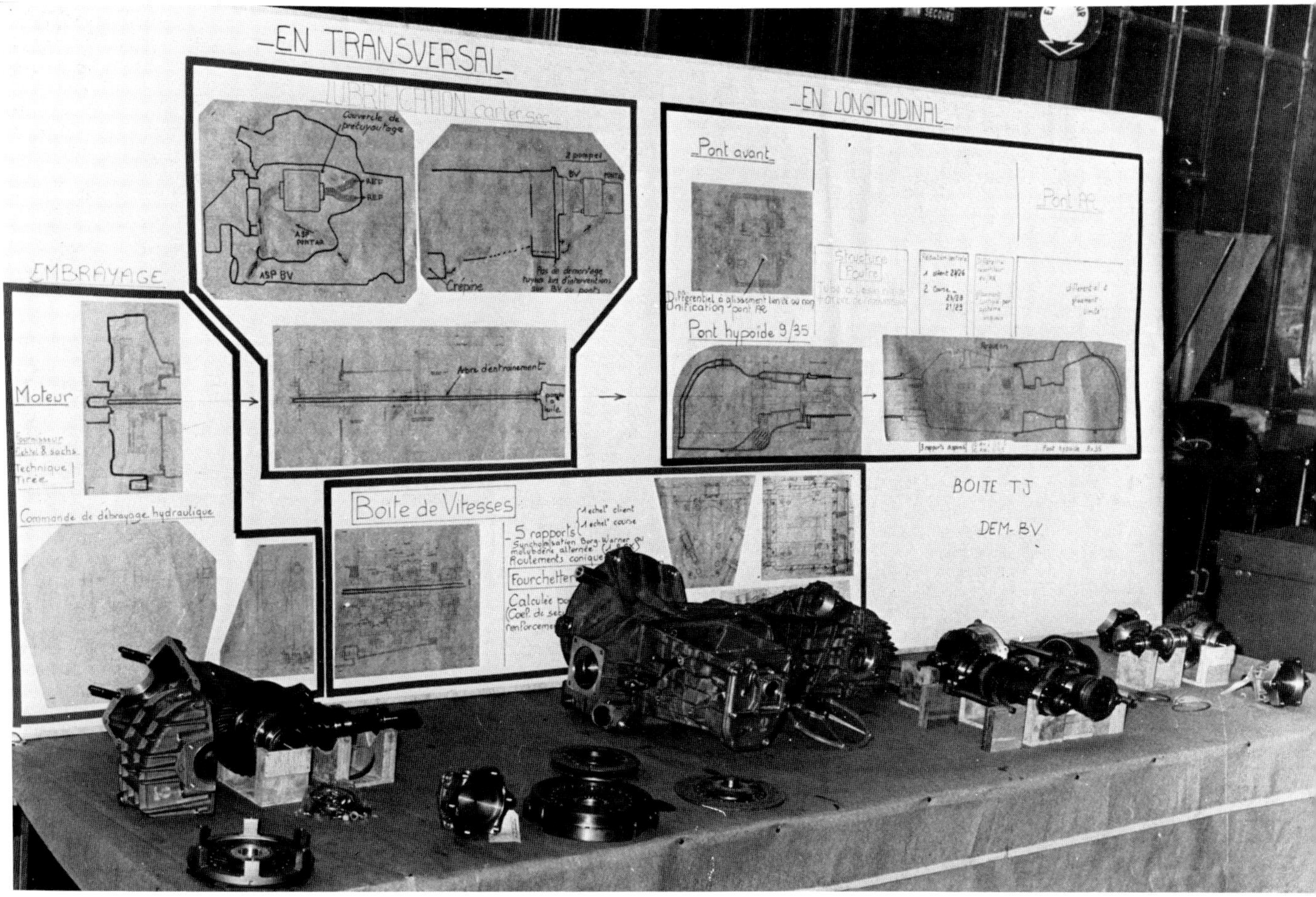

Début 1982, la 205 Turbo 16 entre dans sa phase active : les bureaux d'études de PSA à la Garenne-Colombes se mettent au travail. Bernard Perron, l'architecte du projet, connaît Jean Todt depuis plusieurs années, à travers les tentatives esquissées dans le sport automobile par Peugeot : à savoir la 504 et surtout la 104. C'est par le biais de cette dernière que Perron est entré en contact avec la course. Il fait alors partie de la direction essais et montage prototypes de la Garenne. A l'époque des 104, Perron et Todt n'avaient guère d'atomes crochus. A la Garenne et à Sochaux, il y avait alors une sorte de « réseau » sportif, des chapelles d'ingénieurs disséminées sur l'ensemble des études, qui dessinaient divers projets, mais rien qui prenne véritablement corps. Sauf peut-être un projet 305 à moteur V6 avant et propulsion. Timo Makinen, qui fut l'un des pilotes « maison » les plus assidus, était même venu en essayer un prototype sur la piste de Belchamps et avait été séduit par la voiture, mais il faut dire que le Finlandais n'était partisan ni de la suralimentation ni des quatre roues motrices.

Peugeot s'acheminait donc machinalement vers une éventuelle voiture de rallye type Ford Escort RS 1800 ou Fiat 131 Abarth, celles qui certes avaient été les reines de la fin des années 70, mais étaient déjà dépassées, puisque l'Audi Quattro venait de faire son entrée dans la vie automobile.

Bernard Perron, qui a la charge des projets spéciaux, utilitaires et tous terrains entre autres, est forcément à l'opposé de cette politique du fait accompli, contre ce projet 305. Il l'énonce clairement dans une note adressée à sa direction, ajoutant dans ce même exposé l'intérêt d'une quatre roues motrices, sinon d'une deux roues motrices à moteur central arrière qui favorise la maniabilité. L'affaire en reste là. Mais fin juin 1981, il rencontre Jean Todt à son domicile, juste avant que celui-ci ne parte courir en Argentine, sur la Talbot-Lotus, comme coéquipier de Guy Fréquelin — qui d'ailleurs gagnera le rallye. Perron est venu chercher des places que Jean lui a promis pour le grand prix de France de Formule 1. Ils discutent l'un et l'autre un assez long moment, et Jean, tâtant le terrain, lui demande si, à l'occasion, il aimerait faire partie d'un projet sportif chez Peugeot. Perron acquiesce et lui fait part de ses réflexions à propos du projet 305 de Sochaux.

Lors de son entrevue avec Michel Forichon, fin 1981, Jean Todt retrouve Perron, et l'ingénieur est officiellement désigné comme architecte du projet et comme interlocuteur des bureaux d'études PSA avec l'équipe compétition. Rapidement, les grandes lignes de la M 24 Rallye sont définies : quatre roues motrices, moteur central, empattement long, rassemblés sous les formes de la future M 24 avec l'objectif d'être le meilleur compromis dans le cadre très varié du championnat du monde. Jean Todt fixe bien sûr l'objectif : finies les participations plus ou moins vagues, Peugeot doit conquérir le titre mondial des rallyes.

L'indispensable travail de recherche commence alors, à partir d'un thème qui doit prendre forme sur les planches à

De gauche à droite: Présentation des schémas d'organes de transmission dans les bureaux d'études de P.S.A. à la Garenne-Colombes.

La réalisation de la première coque, vue de face et d'arrière. Il s'agit du tout premier prototype monté à la Garenne. Plus tard, ce prototype recevra ses organes mécaniques. Dans le compartiment moteur à l'arrière, groupe à droite, boîte de vitesses en face à gauche.

lessin. Bernard Perron collabore avec Armand Froumajou — ɔureau des avant-projets —, deux projeteurs et une vieille ɔonnaissance : Des O'Dell. Plus pragmatique que théoricien, Des veut trouver le juste milieu entre la sophistication echnique et l'exploitation facile. D'ailleurs, pour sensibiliser es projeteurs, il va joindre le geste à la parole : il emmène Bernard Perron et son équipe sur le terrain à Cergy-Pontoise. convoque également Guy Fréquelin et des mécaniciens de équipe Talbot-Lotus. Ils vont faire la démonstration de ce que doit être un changement de boîte de vitesses lors d'une ssistance, durant un rallye.

Guy Fréquelin dans sa Talbot-Lotus effectue quelques ours, puis s'arrête, toutes roues fumantes ; les mécaniciens e précipitent sous la voiture : démontage, substitution, emontage, serrage des écrous principaux de la boîte. Au bout d'un quart d'heure, Fréquelin repart, accomplit quelques ours, soit la distance d'une épreuve de classement, puis 'arrête une nouvelle fois, matérialisant le point d'assistance uivant : les écrous subsistants sont positionnés, puis serrés, 'est la preuve tangible, administrée par ce malin de Des O'Dell, que simplicité et solidité sont des éléments de la ictoire.

Bien qu'elle ait été achevée depuis un certain temps déjà lans sa version « cinq portes », comme dans sa version trois portes », la 205 est encore très présente à l'esprit des ingénieurs de la Garenne. La première tâche de l'équipe Perron consiste à implanter des organes sous une « peau » de 205, aux voies et à l'empattement accrus il est vrai. Cette première et immuable clause du cahier des charges — similitude de forme avec la 205 — est rapidement remplie. Idem pour les quatre roues motrices qui, pas plus que le style, ne sont remises en question.

Pour le moteur qui doit équiper la M 24 Rallye, il y a en revanche deux écoles, l'une et l'autre appliquant le postulat suivant : on ne construira pas un moteur spécifique pour la voiture de course, mais on utilisera des bases déjà existantes, avec, bien sûr, un certain nombre de modifications. La première école est pour un moteur atmosphérique de grosse cylindrée : le V6 PRV (Peugeot-Renault-Volvo) qui, en différentes versions, équipe la Peugeot 604, la Renault 30 et l'Alpine A 310 notamment — Des O'Dell et l'ingénieur Jean-Claude Vaucard en sont de chauds partisans.

L'autre école préfère utiliser la nouvelle génération de moteurs élaborée dans le groupe, et qui sera bientôt commercialisée sur la Peugeot 305 et la Citroën BX : les XU. Dans la M 24 Rallye, le XU serait suralimenté par un turbo-compresseur ; la cylindrée, corrigée par le coefficient appliqué aux moteurs « turbos », approcherait les 2,5 litres. Le rapport poids/puissance à viser est ainsi rapidement déterminé : la voiture ne devrait pas excéder 900 kilos. Toutes ces hypothèses butent néanmoins sur un point : l'annexe J au règlement sportif international (qui définit toutes

Premières études en soufflerie avec une cale fumigène, sur une maquette.

Différentes mesures d'acoustique sont effectuées sur le prototype dans ce laboratoire. Il faut noter l'importance des moyens mis er

Le premier prototype est en bonne voie : études de torsion et de rigidité.

œuvre pour élaborer la 205 Turbo 16, et qui sont en principe destinés à l'étude des voitures de série.

Essais du premier moteur installé dans le prototype.

La voiture de course aux rayons X. ▶

les voitures de course dans leurs moindres détails techniques) est en cours de changement. Les voitures de rallye étaient jusqu'alors divisées en groupes 1, 2, 3 et 4, tourisme et grand tourisme en groupes 1 et 3, tourisme spéciales et grand tourisme spéciales — largement modifiées et très puissantes — en 2 et 4. La nouvelle annexe J prévoit une refonte en deux groupes A et B, autorisant en principe peu de modifications : c'est aux constructeurs automobiles de prévoir, dès l'origine, des modèles très performants. En réalité, bien des amendements seront apportés à la rédaction définitive des règlements techniques ; mais, en attendant, les ingénieurs de la Garenne-Colombes s'arrangeront avec l'esprit du règlement plutôt que la lettre.

Très rapidement, le comité M 24 Rallye s'est convaincu de l'utilisation d'un turbo, malgré ses inconvénients (temps de réponse à l'accélération, échangeurs et radiateurs volumineux) qui, en 1982, sont beaucoup moins bien maîtrisés qu'aujourd'hui. Le comité demande à ses motoristes à quoi peut correspondre une cylindrée de 1,8 litre (2,5 litres corrigée par suralimentation) ; ceux-ci répondent, plus de 320 chevaux à un régime de 8 000 tours, mais à deux conditions : que l'on équipe un moteur XU de quatre soupapes par cylindre — il sera nécessaire de développer une nouvelle culasse — et de quatre papillons. Les motoristes souhaitent une ligne d'admission la plus perméable possible pour moins exiger du turbo-compresseur : moins de pertes de charge en aval du turbo (entre le turbo et les chambres de combustion) signifie moins de « boost », moins d'échauffement, et, en règle générale, moins de complications. Enfin, le niveau de couple prévu est de l'ordre de 35 mètres-kilo.

Muni de ces réponses, le comité M 24 Rallye arrête son choix en février 1982 : le moteur sera le XU 8T.

Aussitôt après, la Garenne-Colombes étudie les boîtes de vitesses, et commence par inventorier les transmissions disponibles dans le groupe, toujours par souci de cette politique d'organes communs qui a présidé aux destinées de la 205. Il faut une boîte-pont, et il en existe une chez PSA, capable d'encaisser le couple annoncé : c'est la boîte SM, ainsi dénommée car elle a été élaborée pour équiper la magnifique Citroën SM à moteur V6 Maserati. Aujourd'hui, on la retrouve sur le coupé de sport Lotus Esprit ou bien sur le fourgon utilitaire C 35. Cette boîte provient à l'origine de la DS 19, et a été modifiée par générations successives.

Le troisième problème important posé par la M 24 Rallye — et qui suscitera de nombreuses controverses au sein des études — est celui des suspensions. Là également, il y a deux écoles : les partisans du système McPherson, solide mais rustique (par ses propriétés de fonctionnement, par les temps d'intervention qu'il exige au moment des réglages ou des remplacements d'organe, par le déport au sol qu'il impose aux roues) s'opposent aux partisans d'une disposition plus élégante, par triangles superposés, astreignante sur le plan de l'architecture par la position des points d'attache, mais ménageant de vastes plages de réglage, une géométrie plus flexible, une grande simplicité d'adaptation et un meilleur travail des pneumatiques. D'autant que la 205 utilisera forcément de larges pneus racing, et que, en ce cas, les McPherson accroîtraient d'autant les déports au sol.

Le comité M 24 Rallye tranche : on aura des triangles superposés. Ces trois priorités, moteur, boîte, suspensions, étant définies, Bernard Perron et son équipe commencent à œuvrer sur l'implantation de tous les organes, avec une idée-force : le recentrage des masses, pour minimiser l'inertie de lacet.

Cette disposition va déclencher quelques mois plus tard une espèce de polémique, par presse interposée, avec les ingénieurs d'Audi qui, jusqu'au premier succès de la 205 Turbo 16 et même après, ne démordront pas de leur théorie selon laquelle le transfert des masses à l'accélération avec un moteur central arrière rend la liaison au sol inopérante à l'avant, et par conséquent la transmission intégrale caduque.

Une première esquisse d'implantation d'organes sur la M 24 Rallye montre le moteur en position centrale longitudinale ; une autre le place tout à l'arrière, en porte à faux. Des O'Dell avait en effet un argument de poids pour cette dernière configuration ; en rallye, la partie du moteur qui regroupe toutes les courroies d'entraînement (distribution, alternateur, pompes) doit être impérativement accessible : tout à l'arrière, c'est parfait. Mais le bureau d'études ne va pas longtemps tergiverser : en mars 1982, il opte pour le moteur central transversal arrière, excentré vers la droite, avec

MICHELIN
CHAMPION
BILSTEIN
speedline
SKF
Valeo
PEUGEOT
Sabelt
Jim Gamber ©1984

SPORT
Shell
MICHELIN
126 FBL 75

accès aux courroies d'entraînement par démontage rapide d'un panneau de carrosserie devant la roue arrière droite. Cette solution préserve à la fois le centrage des masses, puisque le moteur est opposé à la boîte de vitesses, et la facilité d'exploitation.

Sur ces premiers dessins, Perron surveille étroitement l'application de la deuxième idée-force : un empattement long permettant de diminuer le caractère instable en grande courbe de l'architecture à moteur central arrière. Pour ce faire, les roues sont repoussées aux limites extrêmes de la carrosserie et, contrairement à ce que l'aspect de la voiture laisse croire, l'empattement de 2,54 mètres de la 205 Turbo 16 est le plus long qui existe actuellement dans les voitures de rallye.

Mars-avril 1982 : les dessins se précisent tandis que le programme M 24 Rallye prend de l'assurance. Parallèlement aux dessins, une maquette d'implantation est construite, et elle suivra au jour le jour l'évolution de chaque organe et de chaque pièce : c'est dire qu'il n'y a pas un instant à perdre pour tenir les délais. Autour de la maquette d'implantation, le projet avance à grands pas.

Mai 1982 : installation des renforts et des dispositifs de sécurité comme l'arceau-cage, tandis que les stylistes travaillent sur l'aménagement intérieur de la série 200. C'est un point qui ne peut être négligé puisque les deux cents voitures (moteur 200 chevaux) sont destinées à être vendues à une clientèle plutôt pointilleuse. Les règlements internationaux exigent, en effet, qu'une voiture de course du groupe B dérive d'une « voiture de série » fabriquée à deux cents exemplaires minimum.

Juin 1982 : style extérieur achevé. Le style intérieur est alors défini : tableau de bord, instrumentation, ventilation, climatisation.

Juillet 1982 : premiers passages en soufflerie pour déterminer l'aspect refroidissement, prises d'air, entrées des radiateurs et des échangeurs, ainsi que l'aérodynamique CX et CZ.

Été 1982 : on utilise la CAO (conception assistée par ordinateur) pour l'industrialisation des deux cents voitures de la série 200, ce qui témoigne de l'importance des moyens mis en œuvre.

Septembre 1982 : les premiers prototypes d'organes mécaniques, moteur, boîte, transmission, arbres, sont disponibles. Ils sont placés au banc d'essai.

Novembre 1982 : on arrive à la dernière phase des études. Elle est matérialisée par la construction de la première voiture, qui reçoit son moteur un mois plus tard. Le temps de l'aménagement du poste de pilotage avec les premiers conseils de Jean-Pierre Nicolas et le 23 février 1983 est arrivé : la voiture effectue ses premiers tours de roue sur la piste de Mortefontaine.

L'étude est joliment réussie. Vic Dial, le directeur commercial Europe-Amérique du Nord d'Automobiles Peugeot, voit pour la première fois la maquette à la Garenne et reste proprement stupéfait : « *Jamais,* dit-il, *je n'aurais imaginé que les bureaux d'études de la société puissent obtenir cette forme, cette gueule à la fois agressive et sobre, puissante, et néanmoins de bon goût. Elle rompait complètement avec les traditions, elle était extraordinaire. Il allait m'incomber de vendre la future série 200 : ça devenait exaltant.* »

La première voiture de la Série 200 est construite. Notez son numéro, en haut à gauche sur le parebrise : 001.

LES PREMIÈRES PIERRES

Novembre 1981-février 1983 : Jean Todt partage les quatorze mois de cette période entre l'élaboration de la 205 Turbo 16, par le biais du comité M 24 Rallye, et la mise sur pied de l'équipe Peugeot-Talbot Sport qui sera chargée, dans l'avenir, de faire courir la voiture.

Dans un vieux carnet de notes qu'il garde précieusement, et où il inscrivait absolument tout — idées, directives, sujets à aborder avec Jean Boillot —, on trouve sa toute première série de requêtes : cinq dessinateurs, trois projeteurs, un ingénieur spécialiste de la carrosserie et des suspensions, un ingénieur moteurs, quinze mécaniciens, mille mètres carrés d'ateliers et de bureaux dans la région parisienne.

C'est là qu'intervient et ne cessera d'intervenir Jacques Delubac. Jean Todt est l'instigateur, l'animateur du projet, mais, pour aboutir, il doit s'appuyer sur les structures d'Automobiles Peugeot.

Jacques Delubac, alors directeur central du personnel, a remarqué chez Todt le désir et le souci constant de s'intégrer à l'ensemble, aux fonctions, à la culture de la société. Celle-ci a besoin d'hommes forts, Todt en est un, Jacques Delubac l'aidera de tous ses moyens — et ils sont importants —, sur un plan très concret, en faisant accélérer par ses services les procédures d'emploi, de contrats, de recherche de personnel.

Il facilite les méthodes, il trouve les créneaux adéquats où placer le personnel de Peugeot-Talbot Sport qui a, de par son activité spécifique, des statuts particuliers et cependant bien intégrés à l'infrastructure générale de la société. Il l'aide également, sur un plan plus subjectif, en le guidant à travers les rouages du microcosme Peugeot qui a son mode de vie, ses mœurs, ses traditions.

Jacques Delubac vise un objectif : harmoniser la compétition — souvent marginale — et une grande société automobile. Il y parvient.

Plus loin, dans le carnet de notes de Jean Todt, on lit, avec des points d'interrogation : « *Réunion du 29 septembre 1981 : objectifs ; autonomie ; budget ; programme court terme ; pilotes sous contrat ; annonce officielle programme. Attribution de la direction compétition : gestion toutes activités compétition ; représentation FFSA, FISA, BPICA, organisateurs ; recherche sponsors ; gestion courses ; programme département clients ; vente de pièces ; service homologation ; coordination activités sportives France et étranger ; assurer exploitation programme sportif ; rapport partenaires, groupement des concessionnaires Automobiles Peugeot...* » L'ordre du jour était pour le moins chargé !

Jean Todt est doué d'une mémoire diaboliquement précise ; il se rappelle cette période héroïque.

« Cette phase de ma vie fut mouvementée. L'actualité passait avant tout par le titre mondial que Talbot était en train de conquérir ; mais rien n'était tout à fait acquis, puisque nous avons remporté le championnat au cours de la dernière manche seulement, au RAC Rallye en Angleterre. Guy Fréquelin a manqué de très peu le titre mondial des pilotes. Il s'est incliné devant Ari Vatanen qui a été couronné. A dire vrai, depuis le rallye San Remo, il s'était produit chez moi une sorte de dédoublement de personnalité. J'étais toujours le même coéquipier, mais mon esprit allait déjà vers de nouveaux horizons. Responsable de la compétition chez Peugeot : ce n'est pas le genre de poste où l'on improvise. Ma place n'était plus dans la voiture et du coup, j'appréhendais l'avenir comme j'appréhendais la route qui défilait sous mes yeux.

Lors de l'un des derniers contrôles horaires, avant de rentrer à San Remo, je suis allé voir ceux que j'aimais beaucoup dans ce milieu de la compétition routière, ceux qui m'étaient proches, pour leur faire part de ma nouvelle situation et des changements qui allaient s'opérer. Il y avait là Ari Vatanen, Walter Röhrl, Markku Alen, Henri Toivonen et leurs coéquipiers.

Dès mon retour de San Remo, lundi matin à 8 heures : bureau. On m'a d'abord installé au 46, avenue de la Grande-Armée. Et je tins une première réunion avec Corrado Provera, Christian Bailly, Olivier Quesnel, Philippe Jarry et les gens en place, pour planifier notre travail et fixer les premières orientations.

J'ai ensuite participé au rallye de Côte-d'Ivoire, sur un coupé 504 V6, avec Fréquelin, puis au RAC, toujours avec Fréquelin sur la Talbot-Lotus. Et notre course s'est achevée par une sortie de route après un magistral tête à queue. Fréquelin n'était pas champion du monde, mais Talbot l'était. Point d'exclamation final.

J'ai tiré un trait. Sans fête, et sans fioritures : je n'ai jamais été attaché aux symboles ou aux souvenirs. Seul le futur m'intéresse. Une autre vie commençait.

Il y avait dans la société un certain nombre de secteurs qui touchaient au sport, à Sochaux ou bien à la Garenne. J'ai mis aussitôt un terme à toutes ces opérations parallèles.

J'avais décidé qu'il n'y aurait plus un centime de déboursé pour la course, que je n'aie auparavant contrôlé. Pas de chance pour les mécontents car Jean Boillot et Lucien Collaine, soucieux l'un et l'autre d'économies, m'avaient donné leur appui total. Le budget 1982 prévoyait avant tout le chapitre études M 24 Rallye ainsi que quelques opérations destinées à assurer la continuité : un petit programme Talbot-Lotus en Angleterre, avec Stig Blomqvist comme pilote, un programme production pour Guy Fréquelin. Je

Jean Todt, en compagnie de Des O'Dell.

Page de droite: Des hommes de la première heure, *de gauche à droite,* l'ingénieur Bernard Perron, qui masque Carlos Dos Barros, Marcel Vieubié, Jacques Levacher et Patrice Caillon, pendant une séance d'essais à Montlhéry.

devais cela à Des O'Dell et à Fréquelin, mais je le fis néanmoins en réduisant les budgets et les effectifs.

A Sochaux également, je désirais préserver des éléments qui avaient de la valeur; je me suis souvent rendu là-bas, sachant que j'allais fermer le service rallyes de mon prédécesseur, pour leur offrir de continuer avec moi, mais il était indispensable qu'ils viennent s'installer dans la région parisienne. Car j'avais également défini cet aspect: la compétition, pour de nombreuses raisons, devait avoir ses bases, ici, à Paris. Où? Personne n'en savait trop rien. Je me suis heureusement souvenu des anciens ateliers de la rue Paul-Bert à Boulogne. Je suis intervenu pour les avoir, et ils nous ont été affectés d'abord en partie, puis totalement au bout de six mois.

Autre sujet de préoccupation: montrer que dès ma nomination, la compétition existait vraiment. Je me suis transformé en VRP, et j'ai rendu visite aux principaux responsables de la société pour leur exposer nos projets et nos ambitions. J'ai été fort bien accueilli, en partie d'ailleurs par curiosité: "qui était ce bonhomme, quelle était cette voiture", dont quelques-uns avaient probablement la certitude qu'elle ne verrait jamais le jour? Il me restait à prouver le contraire. Et pour obtenir la crédibilité suffisante, je dus m'installer dans le formalisme des grandes sociétés modernes: avoir la taille de bureau adéquate, le mobilier, les lampes, les téléphones correspondants, histoire de placer la direction de la compétition au même niveau que les autres.

Parallèlement à cette mise en place, je devais respecter le mot d'ordre de notre direction générale: rencontrer au plus vite les responsables des bureaux d'études de la Garenne à propos de notre voiture, et planifier notre collaboration.

Il me restait tout juste assez de temps pour organiser l'équipe dans ses moindres détails. J'avais demandé une secrétaire bilingue: le service du personnel affecta chez nous Avila Ravier. Depuis le 1er novembre 1981, elle est toujours là et occupe à mes côtés une place prépondérante. Nous nous sommes mis au travail, et parmi nos premiers objectifs, il nous fallait trouver un nom et une identification.

Je voulais que le mot "sport" y figure, parce que c'est un terme clair, y compris à l'étranger. Peugeot, bien sûr: mais Peugeot-Sport n'était pas suffisant, je ne voulais pas faire abstraction de Talbot qui venait d'être une marque championne du monde des rallyes et représentait une valeur certaine dans le milieu de la compétition routière. De plus, il existait des rivalités sensibles après la fusion entre les deux marques, et je voulais me placer au-dessus des partis, sinon des divisions. Enfin, la compétition est un vecteur d'images par excellence, il fallait donc que nous soyons les ambassadeurs de nos deux marques. C'est avec ces arguments que la direction a accepté le nom de Peugeot-Talbot Sport. L'identification: Peugeot avait ses couleurs: bleu foncé et jaune; Talbot avait les siennes: bleu clair. Je voulais du rouge, pour signifier le sport et son agressivité. Il y a, au sein d'Automobiles Peugeot, des spécialistes de l'identification. L'un d'entre eux, Jeff Davis, qui appartenait alors au bureau style de Poissy, nous a dessiné plusieurs emblèmes, dont celui que nous avons choisi — une forme plutôt dynamique — qui est toujours le nôtre aujourd'hui et qui identifie la totalité de notre travail, de la voiture de course jusqu'à l'en-tête de notre papier à lettres.

Pour déterminer notre sigle et notre appellation, j'avais au préalable pris contact avec des entreprises spécialisées, extérieures à Automobiles Peugeot, mais j'ai rapidement abandonné cette solution car elle était trop coûteuse. En réalité, je voulais donner un exemple: pour beaucoup de gens, compétition reste synonyme de danseuse. Je désirais

prouver le contraire. Nous représentons la maison : donc nous devons montrer l'exemple, et les économies doivent être notre souci quotidien. J'ai toujours agi en fonction des coûts... et je crois que ma réputation là-dessus est bien établie. D'ailleurs, Danièle Trevisanello, notre responsable budgétaire, l'a très bien compris.

Début 1982, j'ai créé le département promotion sportive, à côté du département technique, spécifique à la course. Je crois beaucoup à la promotion, et je voulais que nos clients puissent préparer leur voiture rapidement et à moindres frais. Je voulais regrouper dans une même organisation toutes les formules : le PTRT — Peugeot-Talbot Racing Team — issu du Simca Racing Team, la coupe 104 ZS, les concessionnaires Automobiles Peugeot, les filiales étrangères. Je voulais convaincre notre direction de notre vocation à courir bien sûr, mais aussi à vendre. Juridiquement, Peugeot-Talbot Sport est devenu une succursale autorisée à effectuer des transactions commerciales.

A la tête du PTRT, il y avait Olivier Quesnel qui se débrouillait très bien : je lui ai donné la responsabilité de la promotion sportive. Le PTRT est devenu le "Club Peugeot-Talbot Sport". Notre système a bien fonctionné, et a rapidement pris de l'ampleur.

Côté département technique, la première proposition d'embauche que j'ai faite à la direction variait de quinze à vingt personnes, à placer sous l'autorité de Des O'Dell.

J'avais confiance en Des, il avait montré ce qu'il savait faire. Venir à Paris était contraignant pour lui et, alors qu'il l'avait accepté, il fut durement frappé par le décès de sa femme ; et, pour s'occuper de son fils, il fit de fréquents aller retour entre la France et l'Angleterre. Mais finalement il ne put remplir sa fonction de responsable technique. Entre-temps cependant, j'avais choisi de lui affecter un adjoint, et ce fut Jean-Claude Vaucard.

J'avais fait la connaissance de Jean-Claude, ingénieur châssis-suspensions-direction des bureaux d'études de Talbot à Carrières sous Poissy, dans des conditions plutôt curieuses d'ailleurs. Outre son métier d'ingénieur, il était un pilote émérite du PTRT, ayant remporté avec sa Talbot-Lotus le championnat de France des rallyes 2ᵉ division. Il marchait bien, j'avais entendu parler de lui, mais la première fois que je le reçus à la demande d'Olivier Quesnel, le contact fut plutôt sec. Il venait en effet se plaindre du sort, pas assez généreux à son goût, que nous réservions aux membres du PTRT.

Je suis carré dans mes réactions, et son approche était peut-être trop brusque. En tout cas, il y a des contacts meilleurs que ne le fut le nôtre. Mais quelque temps plus tard, je l'ai mis au pied du mur... Il voulait s'exprimer ? Il n'avait qu'à venir le faire chez nous, en travaillant avec nous. J'y mettais une condition : il devait impérativement abandonner le volant. Il a réfléchi. Et il a accepté, début décembre, de rejoindre notre équipe.

Philippe Jarry fait aussi partie des hommes de la première heure. Je connaissais Jarry de très longue date, il me vouait et me voue toujours une fidélité sans faille. Il avait traversé toutes les étapes de la compétition chez Talbot, et en connaissait tous les méandres. Au déjeuner de fin d'année de la jeune équipe Peugeot-Talbot Sport, il y avait donc Avila Ravier, Philippe Jarry, Jean-Claude Vaucard, Olivier Quesnel et moi.

Vaucard et Jarry avaient conservé beaucoup de contacts avec les usines et, grâce à eux, j'ai engagé le nombre de mécaniciens qui m'était indispensable après avoir réglé leur transfert avec la direction du personnel. Il leur fallait un chef : j'avais reçu, en provenance de la direction régionale de Dijon, la lettre d'un postulant. C'était une véritable déclaration d'amour au sport automobile, émanant d'un homme qui, pour diverses raisons, n'avait jamais accroché le bon wagon d'une équipe de course. Cette lettre m'avait ému, je ne pouvais pas laisser choir ce type, et je l'ai engagé. Il s'agit de Jean-Pierre Vitre.

Aujourd'hui, il s'occupe chez nous de la fabrication, et il a été remplacé par Marcel Vieublé. Ceux qui ont fréquenté assidûment les circuits doivent connaître Vieublé, il a fait l'essentiel de sa carrière chez Matra. Certes, il était extérieur au groupe, mais pour certains éléments, j'avais, exceptionnellement, l'autorisation de la direction de ne pas faire appel au personnel de la société.

Très rapidement, cette petite équipe dirigée par Vaucard s'est attachée à l'élaboration de la Samba Rallye en liaison avec Jean Happe, le directeur du marketing. Il nous fallait une petite sportive compétitive pour nos jeunes clients, il fallait que ce soit une Talbot, pour montrer que la marque continuait d'exister.

Parallèlement à ce programme Samba, nous aménagions nos locaux de Boulogne, et les premiers mécaniciens de Peugeot-Talbot Sport eurent l'occasion de manier "les clous", mais aussi le balai et le pinceau. Bien sûr, ils renâclaient. Mais je leur disais : "Avant qu'on ait les meubles, il faut construire la maison. Pour l'instant, on construit."

Une bonne partie de l'année 1982 s'est ainsi écoulée. Au salon de l'Automobile à Paris, j'avais rencontré Jacques Levacher, que je connaissais depuis longtemps. Il dirigeait, non sans succès, l'équipe Lancia-Chardonnet. Il m'avait parlé de notre projet avec intérêt. Je l'ai engagé. »

Le logo Peugeot-Talbot Sport.

PREMIERS TOURS DE ROUE

Quelques jours avant la présentation du programme 205 Turbo 16, et donc avant la désormais traditionnelle conférence de presse de Peugeot-Talbot Sport qui se tient en décembre, une information vient bouleverser tous les plans ; une mauvaise surprise : Stig Blomqvist, le célèbre pilote suédois, a signé chez Audi.

Blomqvist, qui a conduit, durant la saison 1982, la Talbot-Lotus dans les rallyes anglais, était sous contrat avec Talbot-Angleterre et il paraissait pratiquement acquis à Jean Todt qu'il mènerait les essais de la 205 Turbo 16 et lui ferait disputer ses premières courses. Avec l'aplomb qui le caractérise, Todt encaisse le coup. Il enterre au fond de lui des sentiments contradictoires pour pouvoir se concentrer sur ce nouveau problème, et non le moindre, de trouver un remplaçant à Blomqvist. Et pour retourner la situation, il dispose de fort peu de temps : 48 heures.

Dans sa concession Renault à Marseille, Jean-Pierre Nicolas s'ennuie. Les soucis quotidiens d'un patron-commerçant ne parviennent pas à lui faire oublier la compétition routière, ainsi que la brillante carrière qu'il y a menée. Le temps n'est pas si loin, où, sur les réseaux-radio des grandes équipes de rallyes, il était « Jumbo », surnom affectueux qui évoquait sa bonhomie en même temps que son embonpoint.

Et puis, un jour, il s'est rangé des voitures. Dans son bureau aujourd'hui trône en bonne place une jante en alliage léger complètement disloquée. Symbole d'un affrontement passé, elle date de 1978. Cette année-là, Jean-Pierre avait remporté trois victoires retentissantes, montrant qu'il maîtrisait parfaitement la course. Il avait ouvert la saison en fanfare, par une victoire sur Porsche 911 au rallye de Monte-Carlo, avant de continuer par une deuxième victoire au Safari, sur un coupé Peugeot 504 V6, et une troisième, en Côte-d'Ivoire, toujours sur un coupé Peugeot. Et cette jante cassée, provenant d'une Ford Escort, lui avait fait perdre les quelques points précieux qui auraient fait la différence avec un autre rallyman de talent : le grand Markku Alen. Alen avait remporté la coupe FIA, ce qui équivalait alors au titre de champion du monde actuel.

Jean-Pierre Nicolas, affectueusement surnommé « Gros » par Jean Todt et « Jumbo » dans le monde de la course.

Et Jean-Pierre Nicolas, qui a toujours été un sage, savait qu'une telle occasion ne se présente pas tous les jours et que sa chance était passée. Il allait dès lors se tourner vers d'autres horizons et, après quelques expériences plus ou moins fructueuses, songer à raccrocher son casque. Lorsqu'un pilote ne court plus, il cesse, sous peine de frustration, de penser à la course au quotidien. A Marseille, Jean-Pierre est loin. Entre deux réunions de vente avec ses agents Renault, il a seulement le temps de savoir qu'à Paris Jean Todt est devenu chez Peugeot le grand patron de la compétition. Il se souvient qu'ils ont couvert, ensemble dans le même cockpit, un certain nombre de kilomètres de course qui ont suffi à les lier intimement. Il se souvient également qu'avec sa manie des surnoms Jean l'appelait « Gros ».

Quelques mois après, Jean-Pierre entend parler d'un projet chez Peugeot, qu'on dit fabuleux, mais il n'en sait pas le moindre détail. De plus, les pilotes employés par la marque sont Guy Fréquelin et Stig Blomqvist. Lui, il est loin, oublié. Il n'y a aucune raison pour que, dans ce projet, on pense à lui ; et d'ailleurs l'idée ne l'effleure même pas.

Jusqu'à ce jour de décembre 1982 où Jean Todt l'appelle à Marseille, vers 17 heures 30, sur ce ton sec qui lui est coutumier et, qu'il durcit à plaisir pour ne souffrir aucune contestation.

« *Bon, Gros, il faut que je te voie. Que fais-tu ce soir ?*

— *Je suis à Marseille, je dîne avec des amis.*

— *Il faut que tu annules ; rappelle-moi pour me dire quel avion tu prends.* »

Le soir, Jean Todt accueille Jean-Pierre à l'aéroport d'Orly et l'emmène chez lui, rue Spontini. Il lui propose d'être le pilote-essayeur de la 205 Turbo 16 durant l'année 1983. A deux conditions : s'il accepte, il doit cesser toute activité à Marseille et donner sa réponse... le lendemain matin ; il accepte ; on le prie d'enfiler un blouson pour les besoins des photos qui accompagneront le dossier de presse.

Jean lui énonce ensuite les grandes lignes du programme : une année d'essais en 1983 et une ou deux courses, quelques épreuves du championnat du monde en 1984 et objectif mondial en 1985

Premier tours de roue sur l'asphalte de Mortefontaine, la piste d'essais de Peugeot. La voiture vient juste d'être descendue de son camion.

Cette toute première prise en mains est rapidement écourtée Jean-Pierre Nicolas accomplit difficilement ce trot d'essais.

Retour à Mortefontaine, quelques jours plus tard. Le prototype à reçu ses couleurs. Pour Jean Boillot et Jean Todt, la minute est émouvante.

Le président Boillot coéquipier d'un jour de Jean-Pierre Nicolas.

Présenté ainsi, ce projet enthousiasme Jean-Pierre. Il en apprend tout de suite les définitions clés qui ont déterminé l'architecture moteur central transversal arrière/quatre roues motrices, ainsi que les prévisions de puissance des motoristes vis-à-vis de la concurrence et de ses projets, les développements à venir et enfin l'impressionnant dispositif de promotion élaboré autour de l'ensemble Peugeot-Talbot Sport. Malgré ses 38 ans et sa large expérience, Jumbo se sent rajeunir de plusieurs années. Pourtant, Todt a été clair : il sera pilote-essayeur pour un an et rien de plus. Fin 1983, tout sera fini. Mais Jean-Pierre appartient à la catégorie des optimistes, comme nombre de Méridionaux. Pour lui qui avait envie de tâter à nouveau du volant, c'est une aubaine inespérée. Il fait connaissance avec le projet, ou plutôt la maquette d'implantation des organes, dans les bureaux d'études de PSA à la Garenne-Colombes. Pas de sentiments particuliers, ni d'émotion. Pas de questions curieuses, non plus. Jean-Pierre connaît la valeur des ingénieurs et de toute l'équipe qui œuvre au projet. Il leur voue une confiance aveugle. *« Des pointures »*, dit-il à leur propos, ce qui est un compliment insigne. Et puis, une maquette de Turbo 16, c'est encore abstrait. Lui, il attend la vraie. Il la voit une première fois, toute fraîche, toute blanche, juste descendue de son camion, sur la piste d'essais Peugeot à Mortefontaine, quelques semaines plus tard le 16 février 1983. Elle est vraiment trop neuve, brute de fonderie, pour être réellement conduisible.

Le grand jour se situe quelques heures après, toujours à Mortefontaine le 21 février.

Jean Todt est arrivé avec un passager à la fois attentif et enthousiaste : Jean Boillot. Jean-Pierre est là ainsi qu'une équipe de cinéastes chargée de filmer ces premiers tours de roue du prototype 205 Turbo 16. Le voilà qui arrive sur une remorque bâchée, attelée à un J5. Jean Todt tient à un brin de solennité. Jean Boillot et lui montent sur la remorque, retirent la bâche et dévoilent « le bébé ». Personne ne dit rien, tant il est vrai qu'une nouvelle voiture, et surtout une voiture de course, c'est toujours un événement.

Elle représente tant d'efforts et de préoccupations, cette 205, qu'elle a été finie de justesse. Elle a été arrachée de son nid de la Garenne pour les besoins du cinéma. Car Todt est impératif : la présentation officielle de la voiture aura lieu au siège social d'Automobiles Peugeot, avenue de la Grande-

Filiation garantie, comme le montre cette photo. Ce jour-là, la 205 reçut son baptême photographique et cinématographique pour les besoins de l'information.

Armée à Paris. Le prototype 205 n'y participera pas et sera représenté par une maquette très fidèle : il faut donc qu'on le voie tourner dans le film de présentation. Mais, à une matinée près, rien n'est moins sûr. Et, en cinéaste averti, le réalisateur du film a apporté tout ce qu'il fallait pour « faire du cinéma », notamment un bon vieux câble de remorquage. En cas de nécessité, la 205 sera remorquée et, le câble caché, filmée roulant. Pour achever le tout, on fera un bruitage moteur.

Une fois la voiture débâchée, le moteur est mis en marche. Un son un peu frêle et rauque. La boîte de vitesses fonctionne aussi. Malheureusement, entre ces deux organes, l'embrayage ne fonctionne pas. Mais peu importe, Jean-Pierre Nicolas s'installe au volant et sollicite le quatre cylindres, Jean Boillot monte à ses côtés. On pousse la 205 pour lui donner un peu d'élan. Sur cet élan, Jumbo enclenche une vitesse et le moment tant attendu se produit enfin : la 205 Turbo 16 accomplit son premier kilomètre. *« Ça tourne »,* dit le réalisateur. Symbole : une 205 Turbo 16 et une 205 de série roulent côte à côte, démonstration flagrante de la filiation.

Pendant le tournage du film, et donc au terme des premiers tours de roue, Jean-Pierre Nicolas est bien ennuyé. On se précipite sur lui, il est assailli de questions. Quelles sont ses premières impressions ?

Mais quelles impressions pourrait-il avoir, le pauvre, d'un engin qui n'a pas d'embrayage, rien qu'un moteur incontrôlable (il a tout juste la force de mouvoir la voiture en deçà de 6 000 tours et charge comme un taureau au-delà), que peut-il penser de cette 205 qui semble sortir de l'irrationnel ? Mais Jumbo est un type fondamentalement gentil : il fait appel à tout son optimisme pour ne décourager personne et ne pas jouer de fausse note dans l'euphorie du moment. En vérité, la Turbo 16 présente de sérieux défauts, sur tous les plans ; ce qui n'a rien d'exceptionnel pour un prototype d'un premier trait de crayon, directement issu de la planche à dessin.

Pour le lancement commercial de la 205 de série, Vic Dial applique une idée efficace. Un mois avant la sortie de la voiture, il réunit ses concessionnaires et attribue à chacun d'entre eux une voiture de démonstration : ils sont censés la garder au secret dans leur établissement, sauf pour certains clients potentiels et certaines personnalités de leur zone. De la sorte, des voitures sont rapidement vendues et le jour J du lancement de la 205 correspond, non pas aux premières commandes, mais aux premières livraisons.

Ce jour J est le 23 février 1983 ; les cinq mille premières 205 achetées durant ce mois sont livrées et mises en circulation, tandis que la voiture est dévoilée au salon de Genève et que, au siège d'Automobiles Peugeot, à Paris, la 205 Turbo 16 est officiellement baptisée. Une conférence de presse réunit les journalistes spécialisés venus du monde entier, qui écoutent les allocutions de Roland Peugeot, Jean Boillot et Jean Todt, regardent un film sur la conception de la voiture et, bien sûr, observent attentivement la première maquette.

Peu de temps après, les premiers essais débutent vraiment: une séance de roulage à Mortefontaine pour vérifier le fonctionnement de tous les organes majeurs. Somme toute, les balbutiements classiques de la voiture et, autour d'elle, de l'équipe Peugeot-Talbot Sport, impatiente de s'occuper du bébé, d'observer les premiers progrès. C'est dans ce but que la 205 subit son premier test sur terre. Celui-ci a pour cadre une carrière dans l'Essonne près de Dreux. Avec l'aide de « Tilber », qui sera son navigateur, Jean-Pierre a déterminé un parcours, très roulant, avec quelques bosses seulement. Il pilote avec précaution. Au bout de cinq tours pourtant, le châssis, les longerons, les montants, rien n'a résisté. L'ingénieur qui a été chargé d'élaborer les structures du prototype n'en croit pas ses yeux. Tout est disloqué. Pour lui, pas de doute: Jean-Pierre en a trop fait; jamais un rallye n'en demandera autant à une voiture, fût-elle de course. Mais Jean-Pierre, à juste titre, veut le persuader du contraire, car il a roulé plutôt prudemment.

Néanmoins, grâce à sa motricité, la 205 obtient un bon point dès ce jour-là. Jumbo est émerveillé par la transmission intégrale qu'il découvre et, sur ces quelques tours, le prototype a tourné comme l'Audi Quattro, qu'on a amenée là pour établir des comparaisons.

Retour à la Garenne, pour analyser les dégâts et mettre en place un plan destiné à renforcer toutes les structures. Qu'elle concerne les voitures de la série 200 ou la voiture de course, la somme de travail est considérable. Dans ces moments-là, une angoisse terrible étreint Jean Todt: et s'ils s'étaient trompés?

Le doute l'assaille souvent. Il n'a jamais pris une décision sans entendre ou sans vérifier tous les tenants et aboutissants du problème. N'ont-ils pas été trop optimistes? Pourtant, les progrès sont évidents. Mais le moteur? N'ont-ils pas accepté la position centrale transversale arrière — que bien des ingénieurs comme ceux d'Audi estiment incompatible avec les quatre roues motrices — en écervelés, par goût de la nouveauté, ou peut-être de la provocation, du défi?

Parallèlement aux travaux de renforcement des structures, Jean-Pierre Nicolas mène des essais de roulage à Montlhéry, notamment sur la série 200. Ces essais mettent en lumière des défauts de tenue de route: la 205 survire abominablement, le train arrière est instable. C'est un problème de guidage...

De mise au point en mise au point cependant, la nouvelle Peugeot prend bel et bien forme, jusqu'en août 1983 où un nouveau pas important est franchi. L'équipe Peugeot-Talbot Sport obtient enfin sa première 205 Turbo 16; pour les ingénieurs de la Garenne, le moment est venu de céder le pas au département technique de Peugeot-Talbot Sport. Passionnés par ce projet, ils avaient reculé cette échéance le plus longtemps possible. Pendant ce temps, Boulogne s'impatientait. Cette voiture est le prototype groupe B, c'est-à-dire le premier des vingt modèles Évolution version compétition destinés au constructeur pour son écurie de course, comme l'autorisent les règlements internationaux.

Cette première groupe B est confiée à l'ingénieur Jean-Claude Vaucard, pour être développée à Boulogne, dans les ateliers Peugeot-Talbot Sport. C'est une date lourde de signification pour toute l'équipe bien entendu, notamment pour Jean Todt et pour Jean-Pierre Nicolas. Jean peut enfin mettre ses hommes sur un projet de compétition concret.

Jean-Pierre va retrouver son élément. Toute l'équipe va enfin parler le même langage: dans le compartiment arrière, ce ne sont plus deux cents chevaux assagis, mais plus de trois cents qui piaffent.

Premiers essais sur terre, dans une carrière près de Dreux. La 205 en pâtira, non sans avoir marqué un premier point : une motricité équivalente à celle de l'Audi Quattro amenée pour la comparaison.

Double page suivante : Le confort de l'habitacle est plutôt sommaire, mais le tableau de bord impressionnant. Au-dessus du tableau, l'affichage des mesures électroniques.

PEUGEOT TALBOT SPORT

120
P.B
H.P
H.P
V.1
V.2
A.B
LP1
LP2
VENT
ANALOGIC
halda rally computer
ROAD
TIME
DIM
CAL
CLR

Jumbo s'avoue ses propres craintes. L'adhérence des quatre roues motrices, phénoménale et indescriptible tant qu'on n'en a pas fait soi-même l'expérience, ne l'a jamais effrayé, pas plus que les subtilités de la répartition de motricité. En revanche, le turbo, ce n'est pas son rayon. Il a entendu dire tellement de choses à propos du temps de réponse, de la brutalité, de l'adaptation indispensable des gestes du pilote, de l'anticipation... Mais lorsqu'on a été pilote professionnel, talentueux de surcroît, on garde la main. Il faut peu de temps à Jumbo pour maîtriser le turbo. Il reprend très rapidement confiance, même s'il y a longtemps qu'il n'a pas conduit une voiture aussi puissante que cette 205 groupe B. Si puissante qu'à Montlhéry, en sortie de virage par exemple, il retrouve des sensations identiques à celles qu'il éprouvait au volant de la grosse Alpine 3 litres, à l'époque où il disputait les 24 heures du Mans. Il est impressionné.

On procède à de nombreux essais de ce prototype à Montlhéry tout d'abord, et qui concernent au premier chef les solutions « courses » : divers systèmes d'admission, de collecteurs et de tubulures d'échappement, de turbo-compresseurs sont soumis aux appréciations de Jean-Pierre, en même temps qu'à un contrôle précis par le biais d'appareils de mesure électroniques embarqués à bord de la 205.

Peu à peu, Peugeot-Talbot Sport parvient à une définition homogène du groupe moto-propulseur de 320 chevaux et de ses accessoires. La décision est alors prise de soumettre ce même prototype version groupe B aux premiers tests sur terre. Ceux-ci se déroulent dans une carrière, à Lardy en Essonne, non loin de la piste d'essais — secrets — de la Régie Renault. Le revêtement est mauvais, style rallye de l'Acropole en Grèce, le tracé comporte un virage en épingle pour apprécier la souplesse du moteur et la motricité de la voiture. Une Talbot Samba rallye groupe B est là à titre de comparaison. L'examen est impitoyable : le moteur bute irrémédiablement sur l'épingle qui souligne des remises en régime laborieuses ; l'épreuve est délicate pour les suspensions : les porte-moyeu cassent, les triangles se tordent.

Ces piètres résultats sont désespérants ; tout est à reprendre à zéro, comme la série 200 auparavant. D'août à novembre 1983, Peugeot-Talbot Sport passe de bien mauvais moments. Il faut à Jean Todt non seulement beaucoup de doigté pour éviter les crises et maintenir l'équilibre de son équipe mais encore suffisamment de persuasion pour obtenir encore plus d'elle.

Il se produit néanmoins, dans l'ensemble de l'entreprise Automobiles Peugeot, un fait encourageant : autour de la 205 Turbo 16, les réactions sont à la mesure de l'élan que le projet a suscité. En fort peu de temps, de nouvelles pièces arrivent, tout le monde travaille d'arrache-pied à déterminer et fabriquer de nouvelles solutions techniques.

Et bientôt, les gros défauts apparus dans la carrière de Lardy disparaissent l'un après l'autre. Mieux : malgré le problème de la souplesse du moteur, qui, pour l'heure, demeure entier — mais sera résolu dans les premières semaines de l'année 1984 par l'ingénieur motoriste Jean-Pierre Boudy — la 205 devient une voiture exceptionnelle à diriger, spectaculaire, pour un pilote comme Jean-Pierre Nicolas qui, il est vrai, a peu conduit au cours de ces dernières années.

Cependant, à ce niveau de performance, les séances d'essais concernent des objectifs plus précis ; la motricité, par exemple. Durant cette fin d'année 1983, Jean-Pierre Nicolas passe en revue différents systèmes de répartition qui distribuent un pourcentage variable de puissance aux roues : 75 % sur les roues arrière, 25 % sur les roues avant, ou bien

André de Cortanze, au premier plan, et Jean-Pierre Boudy, perchés sur le moteur de « P4 ».

Le capot avant de la 205 Turbo 16 recèle des ordinateurs capables de mesurer plusieurs fonctions à la fois : températures, écrasement des amortisseurs...

... accélérations, vitesses, ralentissements, torsions des structures, c'est selon.

PEUGEOT TALBOT

La fameuse carrière à l'origine de bien des vicissitudes.

La 205 dans sa base, Charleval.

Vatanen prend le volant du prototype pour la première fois.

2/3-1/3, 60/40, jusqu'à 50/50. Il existe chez Ferguson, le constructeur de ce type de dispositif, de nombreuses solutions potentielles, variant avec des systèmes de blocage et en fonction de la viscosité de l'huile utilisée.

Ainsi, Peugeot-Talbot Sport parvient à une solution 2/3 arrière, 1/3 avant, avec une viscosité d'huile de 60 000 centistokes qui sera retenue sur la voiture de la série 200, et servira de base à la voiture de course.

A cette époque, les séances d'essais deviennent longues, fastidieuses. Les impressions de Jean-Pierre Nicolas et les résultats du chronomètre déterminent les progrès accomplis chaque jour. Jean-Pierre se rappelle : *« C'était dur. Le circuit était long d'un kilomètre, mais la voiture sautait comme un cabri. Les suspensions étaient trop fermes, il fallait être constamment sur ses gardes. »*

Octobre 1983 : Sarlat. Les hommes de Peugeot-Talbot Sport n'ont qu'une envie, c'est de participer à cette épreuve courue en souvenir du pilote Jean-François Piot qui s'es tué en novembre 1980. Jean Todt veut rendre hommage à son ami Piot. Il désire également respecter la décision préalable de courir quelques épreuves expérimentales et par là même, mettre un terme à toutes les rumeurs alarmistes Il se pose aussi des questions à propos de la 205 : est-elle prête à se mesurer à d'autres concurrentes, sur un circuit qu tient plus du rallye-cross que de l'épreuve spéciale ? Sont-ils prêts, eux, les hommes de l'équipe ? En aucun cas la Peugeot ne doit manquer son entrée dans le monde de la course, même si l'objectif de la victoire à Sarlat est tout à fai mineur, même s'il ne constitue pas à proprement parler un événement dans l'histoire de la voiture. La première entrée en scène de celle-ci est d'ores et déjà prévue au Tour de Corse 1984. Mais la compétition, le bruit des moteurs, l'impatience de se livrer enfin seront, pour toute l'équipe, les bienvenus. E finalement, Jean Todt décide la participation de la voiture au trophée Jean-François Piot. Jean-Pierre Nicolas le reconnaî aujourd'hui : *« Sur un terrain sec et moins typé, je crois que*

Ci-contre : Sarlat : mémorable souvenir ! La toute première version « Course » de la 205 Turbo 16. Et le n° 13, bien sûr !

Essais, de nuit, sur une partie de l'épreuve de la Selva, en Italie ; ça marche !!!

j'aurais pu gagner. Mais moi-même, je manquais d'expérience... Attention, on est allé à Sarlat dans des conditions terribles. C'était les coulisses de l'exploit : on n'avait pas de pièces de rechange. La moindre rupture, et l'expérience était finie. Tout était à l'état de prototype. Le principal problème provenait toujours du moteur, pas assez souple. La plage d'utilisation se situait de 5 000 à 7 000 tours. Inconduisible !... »

Malgré ces conditions, pour le moins délicates, toute l'équipe Peugeot-Talbot Sport est heureuse.

Pour la première fois, la 205 Turbo 16 a tourné en public. Jean Boillot, lui-même, piétinait dans la boue, enthousiasmé par la voiture qui franchissait tous les barrages pour parvenir en finale. C'était mieux qu'un encouragement.

Après Sarlat, s'ouvre une période très positive. Les essais se poursuivent, nombreux, mais ils apportent, à chaque fois, des progrès tangibles. Dans son bureau de l'avenue de la Grande-Armée, Jean Todt est plus serein.

Jean-Pierre Nicolas déborde d'optimisme. Ses dernières expériences sportives remontent à 1979 : il a conduit une Talbot-Lotus d'usine durant la saison routière. En 1981, il fait le Safari pour Opel et, en 1982, les 1 000 Pistes pour Toyota. La Peugeot n'a plus rien de commun avec ces voitures. C'est une bombe. *« Avec ça, on va tout gagner »*, confie-t-il à ses amis. Il jubile d'autant plus que Jean Todt vient de le prévenir qu'il peut envisager une année de plus au sein de l'équipe, non seulement pour continuer les essais, mais aussi pour courir.

En 1984, le calendrier de courses prévu pour la voiture comporte cinq épreuves du championnat du monde. Elles serviront de terrain d'entraînement à toute l'équipe, puisque l'objectif est toujours de conquérir le titre mondial en 1985. Il reste six mois avant le Tour de Corse. La 205 entre dans une période de finition active. Il faut cette fois la comparer à la concurrence.

Avant Sarlat, Jean Todt avait envoyé Jean-Pierre Nicolas et son coéquipier dans les environs de Sienne, en Toscane, sur le passage du rallye San Remo. Ils avaient sélectionné cinq épreuves de classement significatives où il leur serait loisible de faire, plus tard, des essais. Le jour du rallye, ils avaient soigneusement chronométré les voitures les plus en vue : Lancia, Audi et Opel notamment. Il faisait beau et sec ; Lancia et Audi se livraient un duel impitoyable pour le titre mondial : on ne pouvait choisir meilleures références.

La 205 passe son examen le 15 décembre. A cette date, Jean Todt a choisi celui qui sera le premier pilote de l'écurie Peugeot-Talbot Sport : le Finlandais Ari Vatanen. Et c'est là-bas, dans les environs de Sienne, que Ari s'installe pour la première fois dans la voiture. La séance d'essais se déroule sur une semaine complète : nouveaux ennuis de suspension, de porte-moyeu, de moteur, pour arriver néanmoins à des réglages optimum.

Après une première prise de contact, deux jours durant, Vatanen rentre en Angleterre, tandis que Jean-Pierre Nicolas poursuit les essais. Et c'est là que, pour la première fois, toute l'équipe Peugeot-Talbot Sport touche du doigt le réel potentiel de la 205.

Dans l'épreuve de la Selva, de nuit, et sur un terrain humide, Nicolas se mesure aux références établies en course... sur sol sec et en pleine lumière, rappelons-le. Pendant le rallye, Stig Blomqvist, sur Audi Quattro, avait fait le meilleur temps sur ce tronçon en 2 minutes 6 secondes, devant Michèle Mouton (Audi Quattro), 2'10", Hannu Mikkola (Audi Quattro), 2'11", Markku Alen (Lancia Abarth), 2'14" et Walter Röhrl (Lancia Abarth), 2'15".

Jean-Pierre boucle le chrono en 2 minutes 6 secondes.

A l'extrémité de la Selva, les projecteurs de la 205 éclairent des visages émus. Les essais, la mise au point, les évaluations, les estimations : tout ça, c'est bien beau, mais ça ne vaut pas un bon vieux temps chronométré. Voilà du concret.

Jean-Pierre téléphone immédiatement à Jean Todt, resté à Paris, qui retient sa joie. Pas de manifestations extérieures — Jean est trop réservé —, pas d'éclats de rire non plus : tout au long de cette aventure, des problèmes d'ordre personnel l'empêchent d'en profiter. Seul subsiste le sentiment profond d'un long chemin parcouru et dont on aperçoit le bout. C'est un premier succès. Ils se confirmera quelques semaines plus tard à Charleval.

Charleval est le royaume des essais de Jean-Pierre Nicolas, qui a découvert cet endroit à six kilomètres de sa maison, à Rognes, dans la région d'Aix-en-Provence. C'est une route de campagne bien asphaltée, qui présente des aspects variés et qui est utilisée, en épreuve chronométrée, dans un joli petit rallye : la Ronde de la Durance.

Les essais s'y déroulent dans les deux sens. En bas, près de la ligne de départ représentée par une ligne blanche, il y a une petite plate-forme où l'on peut à la fois travailler et parquer les camions-ateliers. Nicolas avait défini ce parcours en 1980, lorsqu'il faisait des essais pour la firme Kléber-Colombes, qui équipait alors les Audi Quattro.

Peu à peu, et à force d'essais, Charleval a eu ses références, car, par la suite, Jean-Pierre y a entraîné Michelin, et, de fil en aiguille, ce petit bourg du Sud-Est est devenu la mesure étalon du rallye.

Bien qu'équipant à la fois Audi et Peugeot, Michelin joue le jeu et ne communique aucun renseignement concernant l'autre à l'un de ses deux partenaires. Néanmoins, par les habitants du village, qui procèdent eux-mêmes à la fermeture

Jean-Pierre Nicolas, sur la ligne de départ... d'un essai. A ses côtés, attentif et concentré, Jean-Claude Vaucard.

PEUGEOT TALBOT SPORT
ARO
Nicolas

Symbole : Ari Vatanen, l'élève, se fait préciser quelques astuces par Jean-Pierre Nicolas, le maître. Mais c'est aussi une passation des pouvoirs.

André de Cortanze.

L'ingénieur Jean-Claude Vaucard.

L'ingénieur motoriste Jean-Pierre Boudy, *à droite*.

de la route chaque fois qu'il y a des essais, des informations filtrent. Et, grosso modo, Peugeot travaille sur ses propres bases tout en les comparant à celles des Audi Quattro ou des Renault 5 Turbo. Immédiatement, les résultats de la 205 sur l'asphalte appellent l'optimisme : elle est plus rapide d'une demi-seconde au kilomètre que ses concurrentes. Le meilleur temps effectué par une Quattro se situe à 1'25"5 et, d'emblée, les performances de la Peugeot sont de 1'27".

Il subsiste, certes, quelques légers problèmes. Un beau matin, Ari Vatanen est monté en passager à côté de Jean-Pierre Nicolas pour noter quelques subtilités de la conduite de la voiture sur l'asphalte. Jean-Pierre a attaqué. Sur une légère bosse, toujours la même, la 205 a décollé, mais à la réception, cette fois, un triangle de suspension a cassé net, et le bolide, incontrôlable, a filé directement vers les arbres. Heureusement, il y avait une zone de dégagement, et la 205 s'y est engouffrée sans dommage. Vatanen faisait une drôle de tête !...

Néanmoins, en peu de temps, jusqu'aux premières semaines de mars, la 205 accomplit des progrès spectaculaires en motricité, souplesse du moteur, tenue de route.

Le moteur, par exemple : à Sarlat, sa plage d'utilisation était maigre, de 5 000 à 7 000 tours/minute. Elle varie maintenant de 3 800 à 8 000 tours.

L'adhérence : Jean-Pierre Nicolas effectue, pendant de longs moments, des départs de course qui consistent à mettre le moteur au régime du couple maximum et à lâcher l'embrayage. A chaque fois, la 205 bondit en avant comme un projectile, sans jamais laisser au sol la moindre trace de pneus. C'est la meilleure preuve de sa phénoménale adhérence, que tout le monde va bientôt constater, car le départ du Tour de Corse n'est plus qu'une question de jours.

DEUX HOMMES CLÉS

En l'état, la voiture est prête à courir, et ces progrès soudains sont également le fait de l'arrivée dans l'équipe Peugeot-Talbot Sport de deux nouveaux ingénieurs : André de Cortanze et Jean-Pierre Boudy.

« Les jours passaient, et je désespérais de voir Des O'Dell rallier définitivement Boulogne. Je comprenais parfaitement sa situation, mais il fallait néanmoins que nous touchions au but. Chacun, d'un bout à l'autre de l'échelle, travaillait ferme et avec une grande volonté de réussir, mais il me fallait rapidement trouver un remplaçant à Des.

Il nous fallait également un motoriste pour créer à Boulogne une cellule-moteurs avec son propre laboratoire, son propre banc d'essai, car les techniciens de la Garenne, pris par la cadence et freinés par les vastes programmes des bancs d'essai, ne pouvaient plus s'occuper de notre moteur de course.

En septembre 1983, peu de temps avant Sarlat, notre première échéance, j'avais engagé Jean-Pierre Colinot, motoriste chez Citroën à Vélizy comme ingénieur moteurs. Et puis, je discutais souvent avec Jean-Pierre Jabouille, qui est l'un de mes très bons amis, et en qui j'ai une très grande confiance. J'avais durant un temps pensé à lui pour le poste de Des O'Dell. Mais Jean-Pierre reste avant tout un pilote de course, avec sa manière de vivre bien à lui, et je ne voyais pas comment il aurait eu envie de s'intégrer dans les rouages réguliers de Peugeot-Talbot Sport.

Néanmoins, en débattant ce problème avec lui, je suis rapidement arrivé à la conclusion qu'il nous fallait un ingénieur de haut niveau, capable de se faire accepter par l'équipe déjà en place. Ses qualités devaient être l'humilité, la réserve et la soif de réussite. J'ai passé en revue de nombreuses possibilités, et mon choix s'est ensuite circonscrit à deux personnes, puis une : André de Cortanze. J'ai libéré Des, et, le 1er janvier 1984, André est entré chez Peugeot-Talbot Sport.

Un matin de novembre 1983 Jean-Pierre Boudy m'avait téléphoné. Pour des raisons qui lui étaient personnelles, il désirait quitter Renault-Sport. Je l'ai reçu le soir même, mais sans lui laisser d'espoir car je n'avais pas de place pour lui dans l'organigramme. Aussitôt après, je m'en suis voulu ; j'avais eu une réaction extrêmement négative. Je laissais passer l'occasion de mettre à nos côtés un chercheur aux ambitions intactes, et néanmoins doué d'une grande expérience dans les moteurs de course. J'avais oublié qu'à tout moment Jean Boillot et Lucien Collaine me permettaient de manœuvrer "hors norme" pour de semblables et exceptionnelles situations. Le soir même, je rappelai Boudy, qui était assez désemparé, et qui, soudain, hésita. Je prévins André de Cortanze. Puis Lucien Collaine m'accorda le feu vert : Boudy était engagé. Du coup, le département technique de Peugeot-Talbot Sport avait le potentiel que j'avais souhaité. Mais il me restait à assumer mes choix auprès de l'équipe déjà en place : j'ai toujours voulu préserver l'aspect humain au sein de l'équipe, tenir compte de la sensibilité de chacun, et maintenir un bon climat entre tous. Il me restait donc à prévenir nos hommes que désormais il y avait deux nouveaux venus : de Cortanze pour diriger l'ensemble du département technique et Boudy pour les moteurs. On m'a souvent dit que ma position à la tête d'un groupe de gens très compétents était finalement facile : ce jour-là, elle ne l'était pas. Je voulais coûte que coûte protéger l'ambiance qui avait régné jusqu'alors et que j'estime indispensable à la réussite de notre projet ; je devais ménager des gens que j'aimais bien, par simple respect de la personne humaine, et j'y suis parvenu. L'équipe Peugeot-Talbot Sport est devenue une entité harmonieuse. »

Le nom de De Cortanze est intimement lié aux sports mécaniques. Le père d'André, Charles de Cortanze, fut un pilote émérite qui sut communiquer à ses fils la passion de la course et de ses arts. Aussi n'est-il pas surprenant de retrouver André de Cortanze à la tête du département technique d'une écurie de course. Plus surprenant est le fait que ce soit une écurie de rallye, car sa carrière, si elle est liée à Renault, et notamment à Alpine-Renault, en tant que pilote d'abord, ingénieur ensuite, l'est surtout à la piste, aux monoplaces, et aux prototypes dont l'A440 qui, devenu l'A442, gagna les 24 heures du Mans 1978.

Mais, du fait d'une mésentente avec ceux qui ont pris les rênes de Renault-Sport, de Cortanze est écarté. Il rejoint les bureaux d'études de la régie Renault à Rueil, pour être en premier lieu affecté aux liaisons-sol, puis à l'architecture qui est sa véritable spécialité. Il se passionne d'abord pour cette nouvelle occupation qui le laisse libre d'imaginer et de créer, avant de réaliser qu'il est enfermé dans un carcan de contraintes ; et il finit par s'ennuyer fermement. En dehors de ses heures de bureau, il travaille fiévreusement à un châssis de moto révolutionnaire (la Elf). En novembre 1983, il reçoit un coup de téléphone de Jean Todt. Ils se connaissent depuis longtemps, quand l'un était ingénieur chez Alpine, et l'autre coéquipier. Le soir même, ils se rencontrent avenue de la Grande-Armée ; Jean lui explique l'objectif à atteindre et lui demande un plan d'organisation autour de cet objectif. André ne connaît de la 205 Turbo 16 que ce que la presse en a écrit mais une semaine plus tard, le 17 novembre 1983, le plan est prêt ; Todt l'accepte.

Il s'agit d'un mémoire, très précis et très circonstancié. Et pourtant, de Cortanze n'est pas expert en matière de compétition routière — *« 0,5 %* dit-il en plaisantant, *sauf une*

Le moteur XU 8T au banc d'essais à la Garenne.

petite expérience sur des berlinettes Coupe des Alpes allégées ». Mais le rallye a beaucoup évolué : on ne transforme plus des voitures pour courir sur la route, on les construit spécifiquement pour cela ; c'est pourquoi elles s'apparentent fortement aux voitures de circuit. Todt convie de Cortanze à une visite — nocturne pour les raisons confidentielles qu'on imagine — des ateliers de Boulogne où l'ingénieur approche pour la première fois la 205. Il la scrute du regard de l'homme de l'art ; elle lui plaît.

André de Cortanze entre chez Peugeot-Talbot Sport le 1er janvier 1984. Très vite se nouent entre Todt et lui des liens professionnels étroits. Ils se complètent à merveille, l'un apportant à l'autre ce qui lui manque : Todt, meneur d'hommes, gestionnaire rigoureux mais peu technicien, de Cortanze, professionnel hors pair qui sait exposer clairement et concrètement ses opinions. Au soir du premier rallye et surtout de la première victoire, ces liens se transformeront en complicité, André disant de Jean : *« C'est un grand p'tit bonhomme. »*

De Cortanze découvre donc la 205. Il existe deux prototypes de la version groupe B : P3 (prototype n° 3), en mauvais état, P4 qui vient juste de rentrer de la séance d'essais de la Selva en Italie où Jean-Pierre Nicolas a effectué des temps très prometteurs. André observe cependant que la structure a bougé.

L'équipe est acculée par le temps, il faut parer au plus pressé : construire avant tout les vingt exemplaires groupe B destinés à l'homologation prévue pour le 1er avril, avant le Tour de Corse. Après homologation, toutes les définitions d'une voiture, jusque dans ses moindres détails, sont figées. On ne peut plus y toucher. Il convient donc de ne pas se tromper. Et ces vingt voitures de course (assemblées à la main) devront de surcroît recevoir les nouvelles pièces fabriquées à la hâte, comme celle remplaçant cette cellule avant de la structure qui revient déformée après chaque essai.

Avec Jean-Claude Vaucard à ses côtés, André de Cortanze réunit les responsables structures de la série 200 au sein de PSA pour établir séance tenante un programme de consolidation. Venant d'un bureau d'études, il sait convaincre ses interlocuteurs, il impose ses opinions : d'ailleurs il faut noter que sous sa direction, et jusqu'à l'homologation, la 205 recevra environ quatre cent cinquante modifications, plus ou moins importantes évidemment.

Cette refonte de la cellule avant ayant été achevée, P4 effectue des essais qui alternent entre la carrière de Lardy et la route de Charleval. Malheureusement, ces essais sont perturbés par une épidémie de ruptures de moteur sans précédent. Par des ruptures de suspension également, mais dans ce domaine des liaisons au sol, c'est l'amélioration générale du niveau des performances qui en est l'origine : une voiture est une pyramide de compromis, tout progrès dans un secteur engendre des bouleversements dans l'autre. Cependant, le résultat est là. Il faut redessiner les suspensions, toujours avec cette épée de Damoclès suspendue au-dessus de la tête : vingt voitures à construire, et, en l'occurrence, cent soixante nouveaux triangles à fabriquer, à chaud.

Autres modifications importantes : les fixations du berceau, le moteur monté rigide, le graissage par carter sec, le schéma d'alimentation d'essence redistribué pour mettre un terme aux déjaugeages.

Dans les ateliers de Boulogne, c'est la forge, le marteau-pilon ; les journées n'ont pas assez de vingt-quatre heures. Études, projets, lancement de la sous-traitance, conseils, incessants aller retour à Poissy et à Cerisay : le soir, aux côtés de tous les ingénieurs et des mécaniciens, de Cortanze met la main à la pâte. Les caisses sont en chantier chez le carrossier Heuliez. Et l'équipe Peugeot-Talbot Sport reçoit le renfort d'une demi-douzaine de mécaniciens qui ont procédé au montage de la série 200. Du coup, à Poissy, la mini-chaîne série 200 est transformée en micro-chaîne Évolution groupe B 20 exemplaires. Tout le monde est fatigué, usé, à bout de nerfs. Et pourtant, c'est une période palpitante dont de Cortanze parle avec l'exaltation des grands souvenirs. Sur bien des points, la 205 est un cauchemar ; par exemple, les premiers réservoirs d'essence, qui ont été livrés par un sous-traitant, fuient comme des paniers, les carénages de protection inférieurs cassent comme du verre. Et il faut le temps de trouver un autre fournisseur... Mais elle réserve aussi de magnifiques satisfactions. Par exemple, ces cinq secondes pleines gagnées sur une montée de Charleval, un gain énorme obtenu après les dernières transformations. Et puis aussi, l'opiniâtreté de toutes les équipes, dont celle des essais, menée par Jean-Claude Vaucard, qui œuvre jour et nuit. André de Cortanze en parle aujourd'hui encore avec émotion.

Autre partie de la voiture qui a rapidement bien fonctionné : la transmission et la répartition de motricité. Malgré les travaux qui ont porté sur les différentiels avant et arrière, rien de fondamental n'a été modifié. Là encore, la besogne de Vaucard, en parallèle avec les bureaux d'études de PSA, s'est avérée irréprochable. Idem pour la boîte de vitesses dont la sophistication pouvait faire craindre le pire. Selon de Cortanze, l'équipe de l'ingénieur Hulin à la Garenne a construit une *« merveille, un accessoire parmi d'autres »*, ce qui, pour une pièce maîtresse de voiture de course, est un compliment.

André de Cortanze, à gauche, explique à Jean Boillot et Jean Todt ses partis-pris techniques.

Grand jour : celui de l'homologation des vingt exemplaires groupe B. Il y en a quinze sur cette photo. Cinq autres sont en cours d'essais.

Le 23 novembre 1983, Jean-Pierre Boudy apprend avec stupéfaction qu'il n'appartiendra plus au service de développement et recherches moteur de Formule 1 de Renault-Sport. Vivre la course comme un exercice perpétuel de calcul et de recherches est pour Boudy une passion, il n'y a que ça qui l'intéresse. Il refuse cette mutation. Quelle est l'autre grande équipe de course à l'heure actuelle en France ? Peugeot. Il appelle Jean Todt, on l'a vu, qui lui explique sincèrement qu'à l'origine le développement moteur était prévu à la Garenne, que là-bas la situation des bancs d'essai est arrivée à saturation et qu'il a déjà engagé quelqu'un sur place, à Boulogne, pour monter un service propre à Peugeot-Talbot Sport.

On sait aussi que grâce à la direction générale d'Automobiles Peugeot, Jean Todt ne manquera finalement pas de s'adjoindre cet ingénieur infiniment précieux.

Le 15 décembre, Jean-Pierre Boudy prend contact avec sa future équipe au traditionnel déjeuner de fin d'année qui la réunit. Il y retrouve plusieurs têtes connues : André de Cor-

Alignement impressionnant : les deux cents 205 Turbo 16... de la série 200, avec un moteur de... 200 cv.

tanze — ils ont travaillé en commun sur le prototype 2 litres Renault, Boudy s'occupant du moteur chez Automobiles Gordini où il est entré en 1969 —, Marcel Vieublé, qui a travaillé au châssis chez Renault-Sport, Jean-Pierre Nicolas, pour lequel il avait préparé un moteur d'A310 en vue du critérium des Cévennes, plusieurs mécaniciens. Et puis, Boudy n'est pas dépaysé : le moteur de la 205 est un quatre soupapes par cylindres turbo-compressé. Et cela, il connaît. Il constate que, globalement, les options choisies sont les bonnes. Mais Todt et de Cortanze lui ont immédiatement collé le problème entre les mains : un problème majeur, celui de la fiabilité. Car ce n'est rien de dire que le moteur est fragile, c'est carrément du cristal. Jean-Pierre Nicolas n'a parfois même pas eu le temps d'arriver à Montlhéry pour y effectuer des essais que dans la bulle, tout avait explosé... Jean-Pierre Boudy pose immédiatement le doigt sur les racines du mal : les chemises d'un côté, le joint de culasse de l'autre. Tout le problème est de convaincre le sous-traitant de projeter, construire et fabriquer dans les délais. Par miracle, le fabricant du joint de culasse a, dans ses cartons à dessin, un prototype qu'il se proposait de présenter à Peugeot dans les jours à venir !...

Ces problèmes étant résolus, Boudy doit aussi trouver le temps de faire du développement, notamment sur la suralimentation. Là également, la base est bonne, mais relativement inexploitée. En fonction du kilométrage exigé pour un moteur de rallye, les ingénieurs de PSA avaient choisi des solutions robustes et a priori sans histoires. Dans son laboratoire, Boudy se préoccupe d'abord du turbo-compresseur KKK (dont il modifie le carter), puis des tubulures d'échappement, car elles cassaient elles aussi plus souvent qu'à leur tour. Enfin, il se penche sur les soupapes d'échappement, mal refroidies, dont il faut changer le matériau et les techniques de fabrication. Le moteur XU fait un bond prodigieux en matière de fiabilité.

L'ingénieur place alors sa botte secrète : le DPR, dispositif de prérotation, un système qui améliore considérablement le fonctionnement et la rentabilité du turbo-compresseur. Avec les moteurs Renault Formule 1 et la Renault 5 Turbo groupe B, seule la 205 Turbo 16 utilise un procédé semblable dans le monde de la course.

Muni d'un DPR, le moteur XU fait un autre bond prodigieux, en souplesse et en puissance.

Le 31 janvier, les bureaux d'études de la Garenne préviennent l'équipe Boudy que, dorénavant, elle ne pourra plus utiliser les bancs d'essai moteur. Peugeot-Talbot Sport commande alors ses propres cabines-moteurs. Elles arriveront à temps pour « passer » les deux groupes qui seront montés dans les voitures du Tour de Corse. Entre-temps, Boudy continue ses recherches et ses compositions. Le carter d'huile de graissage du moteur, semi-sec, est à l'origine d'une garde au sol de la voiture trop basse. Boudy le transforme en carter sec, avec pompe extérieure. Avant la Corse, il a également le temps d'optimiser la cartographie de l'allumage.

L'équipe se rend alors à Charleval avec une voiture et un moteur fin prêts. Vatanen et Nicolas sont surpris par les qualités du DPR : tellement surpris qu'ils font part de leur déception (!) à Boudy. Pour eux, pas de doute : le moteur a perdu son brio. Entre le coup de pied dans les fesses qui les rassure lorsqu'ils lâchent les chevaux, et la mollesse du DPR, il y a un monde. Boudy est sceptique : il leur demande de faire un essai chronométré simultané avec et puis sans dispositif de prérotation sur un 400 mètres départ-arrêté. Les deux pilotes s'y emploient, sans enthousiasme. La lecture du chronomètre est claire : avec le DPR, ils améliorent le 400 mètres de plus de trois dixièmes de seconde. C'est un résultat extraordinaire. Jean-Pierre et Ari sont stupéfaits : l'efficacité du dispositif est telle, qu'elle a transformé leurs sensations.

« Embarquez-moi cette voiture mal garée ! Allez, à la fourrière !
A propos, qu'est-ce que c'est ?
— Une 205 Turbo 16, monsieur l'agent.
— Turbo 16 ? Bon, ça va : circulez ! »
La 001 évita ainsi les affres de la relégation.

EXAMEN DE PASSAGE

Pour qu'ils puissent débuter au Tour de Corse en mai 1984, Jean Todt doit engager avant la fin de l'année 1983 les pilotes qui piloteront les deux 205. Il en a un sous la main, c'est Jean-Pierre Nicolas : reste à trouver l'autre, qui devra être un pilote d'exception.

« *Qui va conduire la voiture ? C'est la question que l'on me posait le plus souvent, surtout les journalistes. Je m'étais employé à établir deux listes, avec la plus grande précision possible, la première regroupant ceux que j'estimais être les meilleurs rallymen du monde, et la deuxième, un peu plus longue, réunissant ceux que je plaçais immédiatement derrière ces pointures.*

Ma première liste comportait quatre noms : l'Allemand Walter Röhrl et les trois Finlandais Markku Alen, Henri Toivonen et Ari Vatanen, sans qu'il soit possible d'établir une hiérarchie entre ces quatre-là. A cette époque cependant, l'un d'entre eux était dans une situation plus inconfortable que les autres ; il aurait peut-être une plus grande volonté de vaincre, sinon d'accepter d'entrer dans une équipe nouvelle pour piloter une voiture méconnue : c'était Vatanen. Je pris contact pour la première fois avec lui au Safari, en avril 1983 — à l'Hôtel Intercontinental de Nairobi — pour lui exposer brièvement nos projets. Il pilotait alors une Opel pour le compte de l'écurie Rothmans, et devait d'ailleurs gagner le rallye. Courant mai, avant de partir en Grèce, il me rendit visite à Paris, et de nuit, en cachette, je l'amenai à Boulogne pour lui montrer la voiture.

Début septembre, je pris d'autres contacts, avec Alen, Toivonen et Röhrl. Le premier était de longue date impliqué avec Lancia, le deuxième hésitait, le troisième penchait pour Audi.

Quelques semaines plus tard : le rallye San Remo. Le garçon d'étage qui servait les petits déjeuners ce matin-là à l'Hôtel Royal, le PC de la course, a dû devenir fou : j'en pris trois, successivement avec Ari, Markku et Henri. Nous avons décidé d'un délai de réflexion, et, le soir, Ari était d'accord.

Dès ce moment, je pensais raisonnablement que j'avais fait un bon choix : il avait été champion du monde, il traversait un désert, c'était un homme neuf. Il m'avoua plus tard : "Ce matin, après le petit déjeuner, j'avais décidé d'accepter, mais je ne l'ai pas fait tout de suite. Je ne voulais pas que tout cela ait l'air trop facile."

Ari était cependant inquiet sur un point : le respect du planning. »

Un an après la 205 de série, Automobiles Peugeot lance un modèle plus sportif : la GTI. Avant de la dévoiler au public, Vic Dial a réuni ses troupes, « la force de vente Europe », au cinéma Empire à Paris. Il a également convié Corrado Provera et Jean Todt à participer à cette journée pour qu'il expliquent l'un et l'autre les aspects de leur action au sein du groupe.

Le clou de cette réunion est constitué par l'arrivée sur la scène d'une 205 Turbo 16 en marche, conduite par Ari Vatanen. Provera se souvient : « *Jean Todt ne vivait plus. Il ne cessait d'imaginer le pire, que la voiture n'arriverait pas à démarrer, qu'il faudrait la pousser, que ce serait grotesque... jusqu'au moment où Vatanen déboula sur la scène, au volant de la voiture rugissante et piaffante.* » Ce fut un triomphe. Ceci se passait en février 1984, trois mois avant la première course de la 205 : le Tour de Corse.

Juste avant le départ du rallye, un fait extraordinaire, presque incroyable, s'est produit. Un beau soir, Jean-Pierre Nicolas part avec son nouveau navigateur Charley Pasquier, pour commencer les reconnaissances. Pour la première fois, la 205 s'en va, toute seule, sur la route. Sans respecter par conséquent le traditionnel va-et-vient des essais auquel toute l'équipe est habituée depuis le début de cette aventure. Pour la première fois donc, elle échappe à la vigilance des ingénieurs et des mécanos. Mais en réalité, personne n'y croit vraiment : dans quelques instants, Jean-Pierre va revenir. Dans l'habitacle de la voiture, c'est pareil : Jean-Pierre se dit qu'un incident, si minime soit-il, va le forcer à faire demi-tour. Et voilà que, chemin faisant, en roulant fort pour prendre des notes utilisables, ils viennent de couvrir la distance mirifique de 80 kilomètres. Jumbo adresse à Charley un petit sourire contraint auquel Charley répond par une petite moue dubitative. Or ça roule toujours. 200 kilomètres. Jean-Pierre sourit cette fois largement. Alors, au bout de la nuit, après avoir parcouru près de 500 kilomètres sans encombre, ils ne peuvent retenir, Charley et lui, un magistral éclat de rire, comme deux enfants devant leurs jouets.

Quelques heures plus tard, ce sont deux lascars hilares qui rencontrent Bernard Darniche, Markku Alen et d'autres pilotes en train de reconnaître également. Et Jean-Pierre étale encore une fois son optimisme, incorrigible selon ses pairs :

« *Vous allez voir, les gars, avec ça, on va vous taper, c'est sûr.* » Et les autres en chœur : « *Mais oui, Gros, même si tu conduis un taxi sur trois roues, tu nous diras quand même qu'il est imbattable, mais oui, Gros, on te connaît...* »

Dans son bureau à Paris, Jean Todt, lui, ne rit pas. Pas du tout ! « *Avant de prendre le bateau pour Ajaccio, il a fallu tenir une cadence infernale pour finir les 200 voitures de série, et les vingt Évolution groupe B, cela déterminant l'homologation de la 205 Turbo 16 — des délégués fédéraux viennent*

L'extra-ordinaire succès de la 205 lors de son premier rallye est symbolisé par ces deux photos : sur sa remorque, la voiture débarque du bateau en Corse. Quelques jours plus tard, elle pénètrera en tête dans tous les parcs fermés jusqu'à Calvi.

compter les voitures —, et donc notre participation au Tour de Corse.

Ce cap franchi, il a fallu mettre sur pied l'organisation Peugeot-Talbot Sport : vérifier les véhicules d'assistance, et leur contenu, les pièces, les pneus, l'approvisionnement, les cartes, les road-books, faire le plan d'assistance et former les équipes de mécaniciens dont certains débutaient sur le terrain. Pour ce premier rallye, j'avais refusé l'aide d'un hélicoptère, il fallait être modeste.

Parallèlement, je devais arranger le voyage de notre direction générale qui venait assister aux débuts de la voiture. Ce fut un jour crucial. Le départ donné, je ne cessais de remuer dans ma tête plusieurs questions : jusqu'où la voiture pouvait aller (car il ne me venait pas l'idée qu'elle pût aller au bout) ? Comment allait-elle se comporter, sur un terrain qui ne lui était pas véritablement favorable ? Cette fois, j'étais au pied du mur, et avec moi, tous les techniciens de l'équipe. La société avait très lourdement investi dans ce programme 205 Turbo 16, elle avait opté pour une politique sportive résolument marginale par rapport à sa culture et pour certains, par rapport à ses convictions : elle attendait une réponse, et la réponse, elle s'inscrivait là, dans ces premiers kilomètres de course où tout pouvait arriver puisque l'essence même du sport automobile, c'est le risque et l'incertitude !...

Et Vatanen arriva, comme à l'issue de n'importe quelle épreuve de classement. La 205 ronflait gentiment. On y était. Ari avait le quatrième temps. C'était plus qu'honorable. Deuxième spéciale : il faisait le scratch, c'est-à-dire le meilleur temps absolu sur l'épreuve de classement. Röhrl 26'36, Fréquelin, 27'15 et Ari, 26'16. Instinctivement, j'ai dû mettre les mains sur mon cœur de peur qu'il n'explose.

Sans la réserve qui m'est coutumière, sans la retenue que je tenais à imposer à toute mon équipe, je crois que j'aurais arrêté les gens sur la route pour leur souligner la force, l'énorme signification de ce résultat : Vatanen avait fait un temps-scratch en Corse !...

Pour nous, le rallye pouvait finir ici-même, au sortir de cette deuxième épreuve de classement.

Mais il était sans doute écrit que ce Tour de Corse devait atteindre des sommets. Sept épreuves de classement passaient ainsi, on commençait à avoir l'habitude des bonnes performances de la voiture — parce que c'est le genre d'habitude qu'on prend très facilement — et Ari s'installait en tête de la course, suivi aussitôt après par Jean-Pierre Nicolas en deuxième position. Peugeot devant Lancia et Audi, le monde tournait à l'envers. Puis Jean-Pierre eut quelques ennuis, une crevaison entre autres, et rétrograda mais au terme de la deuxième étape, Ari était toujours en tête.

Le lendemain, à Calvi, départ de l'étape finale : 6 heures du matin, noir, pluie battante. Dans notre 205 Turbo 16 de série, André et moi avions pris les devants pour respecter les délais d'assistance. Nous nous trouvions sans liaison-radio avec notre réseau. Près de Venaco, nous avons rencontré un groupe de spectateurs qui venaient d'apprendre, par Radio-Monte-Carlo, l'abandon d'Ari.

Nos espoirs avaient démesurément grandi, et nous reprenions contact avec la réalité de la course. J'étais effondré, André pleurait. Il était persuadé qu'une rupture de pièces était à l'origine de — nous venions de l'apprendre — la violente sortie de route d'Ari. En vérité, il s'était laissé surprendre par une coulée d'eau, invisible dans le matin pluvieux et gris sale. Il ne nous restait qu'une chose à faire : porter la voiture de Jean-Pierre jusqu'à l'arrivée, sur notre dos

s'il le fallait. Nicolas se battit comme un lion contre Blomqvist et parvint à Ajaccio en quatrième position. Pour une première course de championnat du monde, c'était une performance de haut niveau, la contribution très concrète de Jean-Pierre à l'édifice 205.

Le soir, une partie de l'équipe arriva, entourant Vatanen, dans l'auberge de notre ami Paul à Bastelicaccia ; toutes les autres écuries étaient là : elles firent une ovation à Ari, montrant également qu'elles saluaient à sa juste valeur la prestation de Peugeot-Talbot Sport.

L'impact de ce premier rallye fut important sur le public. A Orly, il y avait déjà des supporters pour accueillir Peugeot. C'était tout un monde qui venait de basculer et que nous venions tout juste d'apercevoir.

La presse avait été unanime à saluer notre exploit, mais, s'il était le fait de l'équipe Peugeot-Talbot Sport, il marquait aussi la réussite de toute l'équipe du service presse-compétition composée de Jean-Claude Lefebvre, Jean-François Bouzanquet et Jacqueline Klein. Pour épauler notre action, Corrado Provera, le directeur de l'information d'Automobiles Peugeot, avait instauré un système de véhicules suiveurs et de liaisons-radio tout à fait nouveau. Il était le défenseur acharné d'une politique de l'information ouverte, il savait que la compétition routière est un sport très spectaculaire, il désirait donner aux journalistes les moyens d'aller sur le terrain, sans perdre le fil de la course. Il avait atteint son but, et l'avenir a prouvé qu'il avait raison. Nombreux sont les journalistes qui, grâce à lui et à son équipe, ont découvert un autre aspect du rallye. »

Départ de l'épreuve spéciale, de minute en minute : la 205 vient donc de reprendre 60 secondes à cette Opel qu'elle va dépasser. Ainsi va le conflit des générations.

Page de droite : Vatanen tint rapidement la corde au classement.

Double page suivante : Elle fonce dans le brouillard qui recouvre les sommets de l'Ile de Beauté.

PEUGEOT TALBOT
Shell

PEUGEOT TALBOT SPORT
Shell
MICHELIN

Assistance de Jean-Pierre Nicolas, qui a réquisitionné tous les moyens.

A la faveur de la pluie, la 205 accrut encore son avance sur ses concurrents.

Double page suivante : La 205 étonna le monde des rallyes par sa puissance, sa tenue de route et sa maniabilité. Nicolas vire précisément à la corde.

Walter
Rothmans
12

MICHELIN
speedline

Ari Vatanen, et Rita, sa femme qui lui masse les mains. La 205 n'est pas un engin de tout repos.

Jean Todt, et son traditionnel cahier de temps, alignant des chiffres donnant la première place à Ari, et la deuxième à Jean-Pierre. C'était magnifique.

L'APPRENTISSAGE DE LA TERRE

Mais déjà s'ouvre pour Peugeot-Talbot Sport une nouvelle période de travail intense. La Corse a donné son verdict sur bien des points : au service développement, à Jean-Claude Vaucard et son bureau d'études de Boulogne de passer à l'action. Jean-Claude Vaucard connaît bien la 205 Turbo 16 : il en a lui-même rédigé en son temps le cahier des charges, une cinquantaine de pages sur ce joyau de la technique que doit être une voiture de course moderne.

Durant le Tour de Corse, les freins ont été le point le plus faible de la 205. Les disques surchauffent exagérément, les rotules flanchent, les roues, les étriers prennent du jeu, il faut changer les plaquettes après chaque épreuve de classement. Bref, la 205 freine mal. Avec André de Cortanze, Jean-Claude Vaucard met au point une flasque pour accentuer l'évacuation de la chaleur sur chaque roue ; il fait installer des conduits de refroidissement surdimensionnés, des plaquettes plus résistantes, un liquide de freins avec un point d'ébullition plus élevé, et bien sûr de nouveaux étriers. Et P4, le prototype favori du service développement, s'en va vérifier dans les environs de San Remo, dans une descente, l'amélioration globale du freinage, puisque c'est là, en Italie, que la 205 retrouvera des épreuves de classement sur asphalte — exigeantes pour les freins —, après l'Acropole en Grèce, et les 1 000 Lacs en Finlande qui se déroulent sur des chemins de terre.

Justement, l'Acropole, Jean-Claude Vaucard y pense. Une autre séance d'essais est effectuée, dans une carrière près de Vitrolles : elle détermine un renforcement des pivots, après une mise au point de la suspension type terre, une garde au sol plus haute, une nouvelle flexibilité des ressorts et de la barre antiroulis.

De son côté, Jean-Pierre Boudy modifie quelques détails sur le moteur, dont la position du câble d'accélérateur.

« Environ un mois après le Tour de Corse, l'équipe Peugeot-Talbot Sport participait au rallye de l'Acropole. C'était à nouveau l'anxiété : la 205 affrontait son premier rallye sur terre, réputé très cassant. Outre la solidité du châssis qui restait à découvrir, les problèmes de suspension n'étaient pas totalement résolus.

Pour les amortisseurs, nous avions décidé de changer notre politique et de faire appel à Bilstein. Dès le départ de la course, les Audi filaient en tête, Mikkola, Blomqvist et Röhrl se succédaient à la première place. Ari les suivait certes, mais sans parvenir à mieux faire. Dans ces cas-là, on est impuissant, on perd confiance, on voudrait comprendre, faire quelque chose : ajouter des chevaux dans le moteur, augmenter la pression de suralimentation, on ne sait plus.

En réalité, Ari fut long à se mettre en jambe : il pilotait la 205 sur terre pour la première fois. Et peu après, d'ailleurs, il prit

Assistance délicate sur la voiture de Nicolas. Tout le monde met la main à la pâte... et le pied aussi.

PEUGEOT TALBOT
12
MICHELIN

confiance avec un premier temps-scratch, puis un autre, et encore un autre pour finalement arriver au terme de la première étape à Kalembaka à une seconde de Röhrl, après avoir roulé toute la journée et une partie de la nuit dans la poussière.

Aussi, le lendemain, et le temps d'une spéciale, il prit la tête de la course, juste avant d'être arrêté par la rupture d'une courroie d'entraînement de pompe à huile sur le parcours de liaison. Un vent de folie souffla sur l'équipe. Jean-Pierre Nicolas dépanna Ari, l'hélicoptère partit à la recherche des pièces nécessaires, André et moi revînmes sur nos pas. Après l'assistance, les deux voitures de course repartirent : Ari revint sur Blomqvist, Jean-Pierre se maintint. Et puis, de nouveau, une courroie céda sur la voiture d'Ari. Il s'arrêta, cassa un turbo par la même occasion et renonça. C'était décevant bien sûr, mais un fait ne m'avait pas échappé : avant d'abandonner, Ari était revenu dans le sillage de Blomqvist. On commença alors à bien entrevoir le potentiel de la 205. Une fois encore, comme en Corse, tous les efforts se reportèrent sur la voiture de Jean-Pierre.

Au terme de la deuxième étape, elle nous donna bien des émotions, avant de repartir, au petit matin, dans la troisième étape. Ce ne fut que partie remise car une pierre cassa alors un étrier de freins, et Jean-Pierre abandonna à son tour. André de Cortanze et moi tentâmes de le rejoindre pour le dépanner, mais notre propre 205 Turbo 16 échoua au but, pour cause de courroie d'alternateur cassée. Ce jour-là, l'équipe Peugeot ne pouvait aller plus loin. »

De retour à Paris, le département technique examine les problèmes. Après différents essais et modifications de carénages de protection de la partie avant du moteur — essais infructueux — un nouveau ski inférieur, plus enveloppant et offrant une bonne étanchéité latérale, est adapté à la 205. Les étriers de freins sont munis de « couteaux » de protection interdisant l'infiltration des pierres.

Dans l'ensemble, et malgré le résultat final, les performances effectuées à l'Acropole sont satisfaisantes : quelques semaines plus tôt, il faut s'en souvenir, la structure de la 205 ne résistait pas au traitement « terre ». De plus, certaines pièces fondamentales comme le turbo-compresseur n'ont pas été remplacées car il fallait coûte que coûte en mesurer la longévité : ces participations épisodiques à certaines épreuves du championnat du monde sont avant tout des répétitions avant la saison 1985, Jean Todt n'hésite pas à le rappeler à son équipe.

Cependant, la voiture a montré en Corse et en Grèce un potentiel phénoménal, et, sans que ce soit totalement perceptible, la mentalité de l'équipe Peugeot est en train de changer : elle a soif de vaincre, elle attend sa première victoire, elle la sent proche. Au diable les expériences, les essais et les mesures ! Jean Todt, le premier, le sait : la course, c'est fait pour gagner.

Après Ari, Jean-Pierre Nicolas abandonna à son tour. Ce fut la première et la dernière fois que, jusqu'au championnat du monde, les deux voitures renoncèrent.

Page suivante : L'Acropole était un test difficile, le premier rallye sur terre, et non le moindre, pour la 205 Turbo 16. Vatanen eut le temps de prendre la tête de la course avant d'abandonner.

FINLANDE : PREMIÈRE VICTOIRE

Au terme du rallye de l'Acropole, l'équipe a du temps : non as pour souffler, mais pour résorber l'ensemble du travail ui s'accumule dans les ateliers pendant les courses. Son rochain rendez-vous est fixé : fin août, au rallye des 000 Lacs, en Finlande ; impasse est faite sur l'Argentine et a Nouvelle-Zélande, deux déplacements lointains et oûteux, sans rapport avec l'expérience que Todt souhaite orger à ses hommes.

Comme l'exige son rôle de responsable technique, André le Cortanze réfléchit à la nouvelle 205 Turbo 16, celle qu'on ppelle déjà Évolution 2, et qui sera homologuée au 1er avril 985. Il dépense sur le sujet plus des trois quarts de son emps.

Dans son laboratoire-moteur, Jean-Pierre Boudy s'est fixé n nouveau seuil. Jusqu'à présent, le quatre cylindres XU éveloppait 320 chevaux et un couple de 41 mkg à une ression de suralimentation de 2,2 bars ; désormais, il faut tteindre 350 chevaux, 44 mkg, à une pression de 2,5. Il availle donc sur la pression de suralimentation, puis sur la ésistance du joint de culasse, et fin juillet il a atteint son bjectif. Il se met alors à préparer le moteur 1 000 Lacs.

De son côté, Vaucard se rend en Finlande avec Vatanen our des essais de suspension. Ari détermine un parcours, elui d'une épreuve de classement, sinueux, composé de belles courbes bien enroulées, mais qui ne recèle malheureusement pas la moindre bosse. Or la spécificité du rallye des 1 000 Lacs tient précisément aux innombrables bosses qui jalonnent chaque épreuve spéciale. Déboulant quelquefois à beaucoup plus de 100 à l'heure, les voitures décollent dans un hurlement de moteur, pour retomber quelques dizaines de mètres plus loin ; c'est un spectacle impressionnant, qui suscite l'enthousiasme du public et surtout celui des nombreux spectateurs étrangers venus admirer, dans leur repaire, ceux qu'on surnomme les Finlandais volants, les « Flying Finns ».

« La 205 disputait son premier rallye en Finlande. J'avais pris la décision de n'engager qu'une seule voiture, pour Ari bien sûr, parce que la course est trop spécifique. Très rares sont les non-Scandinaves qui peuvent y réussir un bon résultat. Quarante-huit heures avant le départ, se déroulait une séance d'entraînement officielle sur le parcours d'une épreuve de classement. A la réception de la première bosse, la 205 partit en travers, en réagissant très violemment. Ari dut la contrôler très adroitement pour éviter de sortir de la route. Je le sais : ce jour-là, pour cette séance d'entraînement,

En Finlande, Vatanen prit d'abord le soin de bien régler ses suspensions, pour mieux sauter.

La nuit finlandaise va tomber, et avec elle le verdict : la 205 Turbo 16 est la meilleure voiture de rallye. Vatanen, en tête, demeurera inaccessible.

La 205 à l'assaut de la première place.

j'étais son passager. La suspension de la 205 s'avérait donc complètement inadaptée. C'était une catastrophe.

Conseil de guerre. Ari se débrouille pour nous ménager une autre séance d'essais, en pleine nuit, bien que ce soit interdit. Nous appelons André Massy, notre responsable laboratoire-suspensions, pour qu'il entre séance tenante en rapport avec Hugo Emde, le spécialiste compétition des amortisseurs Bilstein. A première vue, Emde nous prend pour une bande de cinglés. Mais en réalité, il est très efficace : il remue ciel et terre pour nous fabriquer à toute allure des amortisseurs mieux définis. Nous envoyons un mécanicien à Stuttgart chercher les pièces, et il est de retour en Finlande le matin du départ.

Alen et sa Lancia prennent la tête. Dans l'équipe, l'atmosphère est cauchemardesque, car tout le monde imagine le pire. Jamais la 205 n'est partie plus mal lotie. Vatanen est très prudent ; au fur et à mesure des assistances cependant, nous faisons modifier les réglages de la voiture, et celle-ci retrouve son homogénéité au fil des kilomètres. Ce jour-là, André de Cortanze et ses techniciens ont effectué un travail ahurissant.

Et, spéciale après spéciale, les résultats corroborent les progrès : à la fin de la première étape, la 205 est comptée à 30 secondes de la Lancia ; au cours de la deuxième étape elle passe devant. Alen et Toivonen ne peuvent y résister, les Audi, elles, sont en pleine déroute.

Ari gagne la course.

J'ai foncé vers la ligne d'arrivée de la dernière épreuve de classement ; pour moi, le rallye s'arrête là : le podium, c'est la récompense du pilote. La voiture a débouché du chemin et s'est arrêtée à côté de nous. De Cortanze pleurait, Boudy pleurait ; Jacques Delubac avait les larmes aux yeux, moi aussi, Ari et Terry ne valaient guère mieux. Mon fils Nicolas était là, ne sachant plus quoi faire. Personne ne disait mot. De ma voiture, j'ai téléphoné à Jean Boillot : "Monsieur, nous avons gagné." »

Moment très émouvant que celui de la première consécration.

LE RALLYE LE PLUS LONG

Ari ne compte que des amis en Italie.

L'annonce de la victoire de la 205 se propage comme un éclair. Sur le circuit de Zandvoort, où se déroule le grand prix de Hollande de Formule 1, les journalistes filent vers les téléscripteurs ou les téléphones pour avoir des détails. Mais déjà l'équipe Peugeot-Talbot Sport regagne Boulogne pour se mettre au travail.

Jean-Claude Vaucard a tout de suite compris le piège dans lequel Ari et lui étaient tombés : pas d'essais répétitifs sur une bosse où les voitures à moteur central arrière déjaugent plus que les autres, où les amortisseurs sont largement plus sollicités qu'ailleurs.

Aussi, pour les prochains essais, Vaucard sait où aller. Pas loin, d'ailleurs : à Cergy-Pontoise, à 50 kilomètres de Paris. En Finlande, il a pris des points de repère et des mesures. Avec un bulldozer, il fait reproduire, à Cergy, une bosse type : 50 mètres de long, dénivelée de 3 mètres, à négocier à environ 110-120 kilomètres/heure. Et là, inlassablement, jusqu'à sa mise au point optimale, la 205 saute ses 30 mètres réguliers.

Côté moteur, la Finlande n'a rien révélé : les 350 chevaux ont cavalé au grand galop sans renâcler. Seul le turbocompresseur a été changé par précaution, car le moteur tourne souvent à pleine charge dans ce genre d'épreuve. Par précaution ? Un terme nouveau dans le langage Peugeot-Talbot Sport : il signifie que, désormais, seule la victoire est importante.

« Malgré les vacances, la première victoire de la 205 a été un événement, salué en tant que tel par les médias. Avila Xavier, ma secrétaire, m'attendait à la descente de l'avion pour m'emmener en direct sur le plateau du journal télévisé d'Antenne 2. C'est là que j'ai mesuré l'impact de ce premier succès.

Pour le rallye San Remo, j'ai à nouveau engagé deux voitures. Le rallye des 1 000 Lacs est le plus court de l'année, celui de San Remo est démesuré : six jours, deux étapes sur asphalte, dans l'arrière-pays de la Riviera italienne, trois étapes sur terre en Toscane.

D'emblée, Ari signa d'excellentes performances sur l'asphalte, en compagnie de Biasion (Lancia) et Röhrl (Audi Quattro). Sur l'autre 205, Jean-Pierre fut immédiatement retardé par des ennuis techniques — durite de turbo débranchée, notamment — sans gravité, mais néanmoins sanctionnés par le chronomètre. Le rythme des assistances était tel que je le perdis peu à peu de vue, et je le regrettai : j'avais décidé que c'était son dernier rallye, et j'aurais voulu autre chose pour lui qui avait tant contribué à notre succès.

Dès les premières épreuves de classement sur la terre, Ari s'installa en tête et creusa l'écart sur ses poursuivants. Un écart inéluctable, qui s'accroissait, j'oserais dire par magie, tant il conduisait sans effort apparent.

Et le rallye s'étalait en longueur, sans le moindre incident, excepté un couteau de protection d'étrier de frein qui fut cassé par une pierre : une babiole.

Dernière nuit : étape sur asphalte, sous un déluge, avec foudre et arbres abattus en travers des routes. Ari disposait d'une avance extrêmement confortable sur Walter. Mais la course devenait une loterie, d'autant que ces dernières épreuves de classement comptaient parmi les plus longues du rallye.

Première épreuve : Ari perd quelques secondes sur Walter.

Deuxième épreuve : Walter pulvérise sa Quattro. Au même endroit, Ari tape aussi, laisse par terre la rampe de phares de sa 205, mais réussit à repartir sans autre dégât. Les équipes d'assistance que j'ai placées sur le parcours des épreuves, au cas où, me signalent sa progression et ses temps partiels. Il n'empêche que nous tremblons jusqu'au moment où la voiture rejoint enfin l'assistance.

C'était vrai, les dégâts étaient minimes. Et Vatanen, inaccessible, poursuivit sa route jusque sur le podium d'arrivée. Il remportait une deuxième victoire avec la 205 Turbo 16 ; il avait effectué trente et un temps-scratches sur cinquante-quatre épreuves de classement.

Émus, euphoriques, nous partions au Kenya quelques jours plus tard, pour des essais préliminaires au Safari qui nous remirent la tête d'aplomb sur les épaules. Ils s'avérèrent particulièrement désastreux. Les voitures cassaient de tous côtés, et l'une d'entre elles prit même feu. Elle se consuma jusqu'au bout. Certes, une voiture n'est pas un être humain. Néanmoins elle représente pour une équipe de course quelque chose de vivant. J'étais démoralisé, et j'interdis qu'on divulguât les images de ce spectacle affligeant. Catastrophe de bout en bout : elle nous montra du doigt le chemin restant à parcourir pour gagner en Afrique.

Au fil des kilomètres, Vatanen construit une belle avance. Le Finlandais traverse la foule pour rejoindre Jean Todt et Jacques Levacher.

Sacré boulon !

Deux nuits encore, et ce sera la ligne d'arrivée.

Double page précédente : Après la Finlande, le rallye San Remo, l'un des plus longs du calendrier : six jours de courses, de la Riviera italienne jusqu'aux paysages de Toscane.

PEUGEOT TALBOT
Shell

Charley Pasquier, le coéquipier de Nicolas, vérifie ses notes. Au terme de ce rallye San Remo, Jean-Pierre Nicolas raccrochera son casque, pour prendre d'autres fonctions chez Peugeot-Talbot Sport.

Photo-souvenir : au pied de la tour de Pise.

DERNIÈRE RÉPÉTITION

R.A.C. : je décidai de n'engager qu'une seule voiture. Rallye extrêmement long : Vatanen prit la tête dès la première épreuve de classement pour ne la lâcher que dans la dernière étape de la course, après s'être laissé piéger par la fatigue ou l'inattention. Il sortit de la route et partit en tonneau.

Quelle angoisse ! Mais cette fois-là également, la voiture n'avait que peu de dégâts. Elle avait bravement résisté.

Ari repartit à l'attaque et reprit la première place à Mikkola, jusqu'au moment où un arbre de transmission cassa sur la voiture, et Mikkola reprit la tête. On répara ; la 205 revint sur l'Audi et repassa devant, juste avant l'arrivée, obtenant ainsi sa troisième victoire.

Ce jour-là, j'ai profondément admiré Ari, sa confiance, sa sérénité, sa foi dans la voiture. Il était sur un nuage, il ne cessait de me répéter :

"Ne t'inquiète pas, Jean, on va gagner"... »

Ci-dessus, et page 88: Paysages classiques de l'Angleterre profonde sur le parcours du rallye du Royal Automobile Club de sa gracieuse majesté. Dans les châteaux, les parcs, les gués, ou les forêts, la 205 fut littéralement impériale.

Vatanen aurait pu mener la course de bout en bout s'il n'était malencontreusement sorti de la route, par inattention. Mais la 205 fut rapidement remise en état (ici, changement du pare-brise), et repassa en tête devant l'Audi Quattro de Mikkola. Troisième victoire !!!

ALBOT SPORT
CHAMPION

Shell

1985
FORMATION DE L'ÉQUIPE MONTE-CARLO

Le R.A.C. achevé, la saison 1985 commence déjà, celle au cours de laquelle Peugeot-Talbot Sport vise un objectif: le titre de champion du monde. Mais pour ce faire, Jean Todt doit transformer certaines structures.

« Le choix le plus délicat concernait une nouvelle fois les pilotes. Ari Vatanen avait beaucoup apporté à notre équipe, et nous-mêmes avions fait de lui l'une des très grandes figures du monde de la compétition routière. L'analyse de ses premiers rallyes avec la 205 était claire. En Corse, par exemple, il aurait pu gagner et réussir l'exploit incomparable d'un premier succès immédiat. Mais il sortit de la route, qui peut lui en vouloir? Sur ses épaules reposait un poids incroyablement lourd. Il supportait une tension terrible car il n'avait pas remporté de grande victoire depuis longtemps. Une faute, oui, mais il n'y avait rien à dire: les conditions étaient épouvantables, et la course est ainsi.

Au R.A.C., il fit également une erreur, certes moins pardonnable qu'en Corse. Il était déconcentré.

A San Remo, il sortit aussi de la route; mais cette nuit-là, dans des conditions dantesques et au même endroit, Röhrl pulvérisa sa Quattro. Trois erreurs donc, mais qu'il fallait replacer dans leur juste contexte, et opposer à trois victoires: une magnifique performance aux 1 000 Lacs en Finlande, une belle preuve d'endurance à San Remo, un modèle de sérénité au R.A.C. Pas de doute: s'il le voulait bien, Ari serait de nouveau pilote Peugeot-Talbot Sport pour la saison 1985. Il le voulut.

Jean-Pierre Nicolas s'arrêtant de courir fin 1984, je lui proposai aussitôt la responsabilité du département Peugeot-Talbot Sport promotion, chargé de l'activité commerciale, de la gestion des formules de promotion et de la politique sportive Peugeot-Talbot dans le réseau France et étranger. Jean-Pierre accepta, mais avant de lui trouver un remplaçant au volant de la 205, il fallait que je réponde moi-même à une question délicate: combien de voitures? Une seule, comme le suggérait naïvement Vatanen? Hors de propos.

Deux? Nombre un peu juste pour certaines épreuves de longue haleine.

Trois? Choix coûteux car il nécessitait une considérable augmentation des effectifs.

J'hésitai longuement, puis je tournai la difficulté: je décidai d'abord d'engager trois pilotes. J'alignerais deux voitures en permanence, trois en certaines occasions comme la Corse ou le Safari, et je proposerais à mon troisième pilote de remplir les fonctions d'essayeur. Mais avant de penser à ce troisième homme — jeune de préférence et acceptant ce rôle comme une promotion — il me fallait trouver l'alter ego de Vatanen.

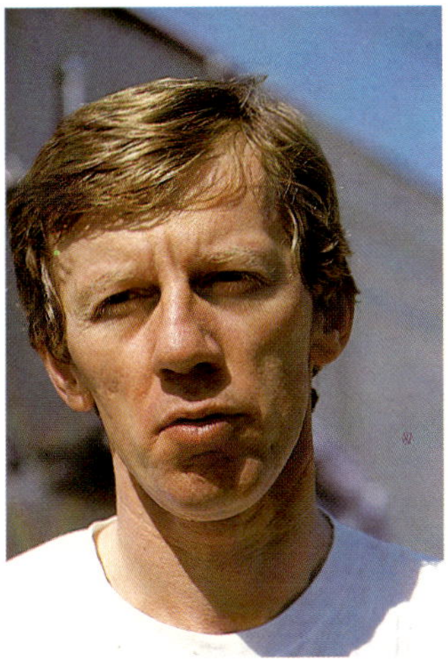

Markku Alen et Walter Röhrl auraient pu conduire pour Peugeot-Talbot Sport. Mais les pourparlers entre les deux pilotes et Jean Todt n'aboutirent pas.

J'avais un petit faible pour Walter Röhrl. Nous avions reparlé de sa venue chez nous, en Grèce, en 1984. Il était venu me voir, dans le plus grand secret, dans mon bungalow de l'Hôtel Lagonissi, un matin à 10 heures.

Nos tractations avaient duré longtemps, mais en septembre, il m'annonça qu'il restait chez Audi, comme son contrat de deux ans l'y obligeait. Pourquoi Röhrl? Parce que j'estime qu'il est extrêmement fort. Il ne court ni au R.A.C., ni en Finlande, mais, s'il le voulait, je suis sûr qu'il pourrait également dominer sur ces deux terrains très spécifiques.

Walter présentait également deux autres qualités à mes yeux: il est admiré par ses pairs — chose très rare — pour son talent et son honnêteté, et je pouvais sans mal le faire admettre, dans notre équipe, à Vatanen; il est allemand, et possède une très bonne image de marque: il nous aurait rendu de très grands services en Europe sur le plan promotionnel.

J'ai également discuté avec Markku Alen. Lui et sa femme m'avaient rendu visite, courant juin 1984, à Paris. Au terme de nos pourparlers, j'étais convaincu qu'il allait signer pour nous. Il y avait longtemps qu'il était chez Lancia; avec nous, il pouvait donner un autre aspect à sa carrière.

Alen est un pilote de très grande valeur; mais il avait des prétentions qui, malgré ses qualités, n'étaient pas raison-

nables. Nous avions donc, sur ce point précis, certaines divergences de vue. Finalement, au rallye San Remo, il me prévint qu'il restait chez Lancia, avec un contrat pour deux années. Exit Alen.

Je n'avais pas de regret. Ses exigences financières étaient trop importantes, et les refuser était pour moi une question de principe.

En même temps qu'à Röhrl et Alen, j'avais fait des offres à Henri Toivonen et à Timo Salonen. Avec Toivonen, il y avait l'aspect affectif — il avait apporté sa contribution au titre mondial de Talbot —, il y avait aussi l'aspect talent : il était le pilote le plus doué de ces récentes années, même s'il n'avait pas encore eu l'occasion de s'affirmer. Qu'en pensait Ari ? Il était d'accord pour l'option Röhrl ou Alen ; plus réticent pour l'option Toivonen, en ce qui concernait leurs rapports futurs. Je continuais néanmoins de négocier avec Henri, mais il fit traîner les choses en longueur. En réalité, je crois qu'il avait surtout envie d'aller chez Lancia.

Restait Timo Salonen. Je le considérais depuis très longtemps comme une "pointure". Très beau coup de volant, grande fiabilité avec une voiture qui le forçait à attaquer très fort car elle n'était pas réellement compétitive face à la concurrence. Néanmoins, je prenais un risque : Röhrl ou Alen, c'était un choix incontestable. Salonen, lui, pouvait être contesté, d'autant que je le savais un petit peu paresseux pour les reconnaissances. En revanche, il entretenait d'excellents rapports avec Ari. Par l'intermédiaire de notre importateur en Finlande j'obtins le numéro de téléphone de Timo. Il était en pleine rééducation, car il venait de subir une importante intervention chirurgicale aux vertèbres. Il vint me voir à Paris, avec Seppo Harjanne, son ami et coéquipier, voulant avoir auprès de lui un homme de confiance parlant correctement l'anglais.

Début octobre 1984, Salonen signait son contrat chez nous. Cela étant fait, je pouvais achever mes négociations avec le troisième pilote. Sur ce plan, il y avait un impératif : je désirais qu'il soit français. J'avais porté mon choix sur Michèle Mouton. Elle était très intéressée par un programme de six à sept rallyes. Michèle a beaucoup de qualités et sa venue plaisait à Jean Boillot. Néanmoins, j'y voyais deux inconvénients. Je ne savais pas comment m'organiser pour engager trois voitures dans un si grand nombre d'épreuves, et je craignais que sa notoriété n'empiète sur celle de la 205. Mais je l'acceptais. Audi lui fit une proposition semblable à la nôtre ; en toute logique et en toute honnêteté, elle accepta parce que la marque allemande avait beaucoup contribué à sa notoriété. Parallèlement à ces pourparlers, j'en menais d'autres avec Guy Fréquelin et Bruno Saby. Guy souhaitait également avoir un programme étoffé compte tenu de sa carrière et de son talent. Mais nous n'en avions pas la possibilité, de plus il était encore sous contrat avec la General Motors.

Je savais en revanche que Bruno Saby était prêt à accepter ces conditions restreintes ; il avait dans la maison un ardent défenseur : Jean-Pierre Nicolas. Finalement, le profil Saby convenait parfaitement : j'engageais Bruno.

Entre-temps, l'ingénieur Guy Audoux était venu grossir nos effectifs au poste d'adjoint de Jean-Pierre Boudy, et la saison 1985 débutait. Déjà le programme des onze rallyes m'effrayait.

Hannu Mikkola avait fait une réflexion très juste au R.A.C. : préparer une équipe et des voitures pour cinq

La 205 se tailla la part du lion sur les routes enneigées.

PEUGEOT TALBOT
Shell
123 FBL 75

PEUGEOT
MICHELIN
6
90
323 EXA 75

courses était simple; courir la totalité du championnat du monde était une autre histoire.

La période décembre 1984-janvier 1985 fut extrêmement difficile: il fallut faire des essais pour le rallye Monte-Carlo, puis enchaîner directement sur la Suède. Il fallut s'engager politiquement contre la fédération internationale qui menaçait directement l'épreuve monégasque. Les problèmes s'amoncelaient de tous côtés. Le rallye Monte-Carlo fut plusieurs fois annulé, pour finalement avoir lieu; après une intervention d'Alain Calmat, ministre de la Jeunesse et des Sports. Mais, du coup, la Suède prévue en remplacement du "Monte", comptait pour le championnat du monde, nous laissant deux petites semaines pour la préparer, et deux autres petites semaines pour préparer le rallye du Portugal, sans oublier l'élaboration de la nouvelle 205, le "modèle 85", que nous appelions Évolution 2, et qui devait être homologuée en avril. Une nouvelle fois, l'équipe Peugeot-Talbot Sport n'avait pas assez de vingt-quatre heures par journée, et ce régime durait depuis un an. »

Entre R.A.C. et Monte-Carlo, la 205 Turbo 16 reçoit quelques modifications destinées à faciliter les interventions mécaniques. Ainsi, des raccords munis de clips et non plus de vis, autour de la boîte de vitesses, pour accélérer le démontage de la transmission.

Jean-Claude Vaucard mène une vaste campagne d'essais pour déterminer deux sortes de 205, l'une pour la neige, l'autre pour l'asphalte qui sont les deux terrains du rallye Monte-Carlo. Par la même occasion, Saby prend contact avec la voiture en France, et Timo Salonen fait de même en Suède. Les deux nouveaux promus se plaignent de la lourdeur de la direction. « *Pour préparer les trois 205, nos mécaniciens ont fourni un travail extraordinaire dont on ne les remerciera jamais assez. Au départ du rallye Monte-Carlo, nous faisions partie des meilleurs favoris. Les 205 étaient devenues la coqueluche du public français. Elles n'avaient pas le droit à l'erreur. Et pourtant, après le premier regroupement, c'est Audi qui avait le sourire: Salonen et Saby faisaient leur apprentissage, Vatanen avait touché des spectateurs imprudents à Saint-Bonnet, et Röhrl était en tête.*

Le parcours était plutôt sec, mais avec la neige dans les Alpes, Vatanen revient sur Röhrl. Sa période de mise en jambes est achevée, et il prend le contrôle du rallye. Jusqu'à Gap... Hôtel de la Paix. Vatanen et Harryman veulent me parler en aparté pour m'annoncer une chose épouvantable. Terry a pointé avec quatre minutes d'avance. En rallye, ces minutes d'avance comptent double selon le règlement. Le résultat brut: huit minutes de pénalisation en temps réel. Je porte réclamation et je me mets à calculer: nombre de kilomètres d'épreuves de classement subsistant, moyenne de l'écart Vatanen-Röhrl. L'enjeu est impossible: Ari est condamné à la deuxième place. Ari que j'observe! Calme, anormalement calme!

ılonen *(pages 92-93 et en haut)* comme Saby *(ci-dessus)* faisaient ur apprentissage de la 205 en compétition.

ıge de gauche: Monte-Carlo 1985, Vatanen signa une très belle ɛrformance. Cet exploit le classe parmi les grands de la compétition utière.

Une fois encore, l'équipe Peugeot-Talbot Spòrt a été merveilleuse d'opiniâtreté et de discrétion. Le lendemain, tout le monde est reparti comme si rien ne s'était passé.

Avant le départ, Ari m'effraie: "On va gagner, quand même." Je ne le crois pas, mais j'acquiesce. A son tour, il est venu me souhaiter courage, à sa manière. Et il entreprend de remonter. Inexorable, déterminé. Ma réclamation est rejetée; pour tous les observateurs, l'affaire est close, la course jouée, Audi premier, Peugeot deuxième. Je continue de parler à Ari après chaque épreuve. Son comportement est immuable: il persévère. Il essaie d'échelonner ses performances pour avoir une toute petite chance de se battre dans les toutes dernières épreuves. Le rallye parvient ainsi au pied du col Saint-Raphaël: un choix de pneus très difficile, avec huit kilomètres de neige dans la montée, et, en descente, vingt-deux kilomètres secs et larges. La performance, c'est le pneu racing, la sécurité, c'est le petit cloutage. Chacun donne son avis, les ouvreurs, André, moi-même, mais dans ces moments-là c'est, comme toujours, le pilote qui décide.

Röhrl passe devant nous en racing. "Petits clous", dit, après une hésitation, Vatanen qui préfère toujours des solutions sûres et confortables. Je me tourne vers André: "C'est là que le rallye va se jouer." Nous fonçons au point d'assistance suivant. J'appelle René Isoard, l'un des principaux organisateurs, en ligne directe avec l'arrivée de l'épreuve. "Ne bouge pas, on se renseigne, dit-il. Il y en a une

qui arrive, je crois que c'est la 2... Oui, c'est ça: c'es Vatanen." Deux minutes après, Röhrl n'est toujours pas là. A repasse en tête avec une minute et demie d'avance. Et gagne.

Ce fut un délire, tant est magique le symbole du rally Monte-Carlo. Jamais pareil dénouement n'avait été entrev jamais rallye n'avait connu une telle intensité dramatique.

Moi, je pensais à Ari. Jamais un pilote de rallye n'ava accompli une telle performance. Oui, vraiment: il faisait part des plus grands. Sa carrière pouvait s'arrêter là. Dès ce jou j'avais une dette envers lui. A vie. »

Le succès de la 205 au rallye Monte-Carlo est retentissar Le scénario incertain de la course a sensibilisé les médias l'opinion. C'est, pour toute l'équipe, pour Jean Boillot, po Jean Todt, un vent de folie, d'interviews, de plateau télévisés, d'invitations dans les organes de presse. Sur plan commercial, Vic Dial se frotte les mains. Cette victoir met en selle la 205 GTI par rapport à la Golf du même sigl dans un domaine où ni Ford ni Opel ni Fiat n'ont réussi. D plus, et les statistiques le prouvent, le nom de Peuge acquiert une consonance sportive comme BMW ou Audi.

Une telle victoire méritait bien cette photo solennelle à Monac Autour de la 205 victorieuse, les artisans de la victoire: Jean Tod Jean Boillot et Ari Vatanen. De part et d'autre, les voitures de Salone et Saby, troisième et cinquième.

Pour le rallye de Suède, les techniciens de Peugeot-Talbot port sont légèrement inquiets : la carrosserie de la 205 est n matière plastique. Hors de question pour Timo et Ari de rendre appui sur les congères comme ils en ont eu habitude avec les autres voitures. Vont-ils s'en souvenir ? our plus de sûreté, Jean-Claude Vaucard renforce la rotection du radiateur avant. Jean-Pierre Boudy prépare pécialement les moteurs contre le froid, en travaillant sur la scosité de l'huile, sur le taux de compression, sur l'injection, près des essais en chambre froide.

« Notre résultat victorieux en Suède est passé quelque peu inaperçu après le grand chambardement de Monte-Carlo. Ari a pourtant accompli là-bas une très belle course, en distançant régulièrement Blomqvist et sa Quattro qui, sur ce terrain, ne sont pas les premiers venus. Salonen nous ramène la troisième place. Ce succès des 205 Turbo 16 fait, selon Vic Dial, augmenter les chiffres de vente de Peugeot — qui n'étaient pas considérables, faut-il le préciser ? — de plus de 20 %, mais surtout il accroît très notablement la notoriété de Peugeot dans cette partie de la Scandinavie.

endant ce temps, Salonen continuait d'apprivoiser, non sans succès, la 205.

Sur un parcours enneigé et glacé, Vatanen se livra à un duel homérique avec Blomqvist. Mais l'Audi fut obligée de céder à Peugeot.

Salonen maîtrise une situation plutôt glissante.

Après la Suède, nous enchaînons directement sur le ˀortugal où nous n'avons pas pu mener une campagne ɬ'essais normale. Toute l'équipe est réquisitionnée pour ·onstruire les vingt exemplaires de la nouvelle 205 Turbo 16: Évolution 2.

La surprise, au Portugal, c'est Timo qui nous la réserve; il ɬistance très légèrement Ari sur l'asphalte. Les leaders sont ʔöhrl et Biasion, et donc Audi et Lancia.

Première spéciale sur terre: Vatanen crève. Spéciale uivante, il fait le scratch. Spéciale suivante: une rotule cède, ·onséquence de la crevaison. La suspension s'arrache. ɅIalgré les injonctions des mécaniciens dans l'hélicoptère qui urvole la voiture, Ari — trop impatient — ne s'arrête pas, il ejoint l'assistance à trop grande vitesse et les dégâts sont ·réparables.

Comme beaucoup de pilotes, Ari change de mentalité ɔrsqu'il est "dans son bocal", c'est-à-dire dans son habi-ɜcle. Tout se passe comme si un essaim de guêpes ɔurnoyait à l'intérieur... Peut-être que Terry aurait dû le ·almer?

En l'occurrence, la course vient à peine de démarrer, et il ɿe nous reste qu'une voiture, celle de Timo.

Et puis, mine de rien, Timo commence à effectuer ses ɔremiers temps-scratches. Il casse une transmission. Je le ɔréviens: "On arrête de jouer; il faut assurer la deuxième ɔlace." Il restait, en effet, beaucoup de route à faire, il ne ɔouvait pas se battre seul contre les deux Audi.

Plus loin encore, on apprend qu'il est en panne, crémaillère ɟe direction cassée. De Cortanze part dans l'hélicoptère ɔour réparer; entre-temps, l'équipe d'un J5 d'assistance a ɔhangé la pièce. Et Timo fait le parcours routier à tombeau ɔuvert: il pointe dans la minute de battement.

Direction cassée: c'est miraculeux d'être encore là.»

Timo se plaignait constamment de la lourdeur du volant. ˀour aplanir cette difficulté, Jean-Claude Vaucard lui avait nstallé un volant de plus grand diamètre, mais ce n'était pas suffisant. Il fit monter une crémaillère plus démultipliée. Il s'agissait en réalité d'une pièce de développement qui ne ɟevait plus être utilisée. Elle fut choisie par inattention.

«Salonen fait un travail magnifique, et à Arganil, où Röhrl ɜ des problèmes, il prend le contrôle de la course. Nous ɔhangeons de tactique: maintenant, il faut gagner.

Et Salonen gagne. Il emporte sa première victoire chez ˀeugeot.»

ʃur l'aire de départ du rallye du Portugal: la 205 et ses rivales, l'Audi, ɜ Lancia, la Renault 5 turbo et la Golf GTI.

Les faces cachées de la 205 Turbo 16. *Côté gauche,* l'échangeur de température. *Côté droit,* l'avant du moteur avec les courroies d'entraînement des arbres à cames, pompes et alternateur.

Timo Salonen fit une course d'attente, avant de croiser le fer avec Walter Röhrl. La 205 se joua des difficultés d'un terrain difficile, et finit par triompher de l'Audi.

PEUGEOT TALBOT SPORT
Shell
MICHELIN
MICHELIN
323 EXA 75

Première victoire chez Peugeot pour Timo Salonen avec son équipier et ami Seppo Harjanne.

Un bi-cross, c'est bien. Mais une 205 ce serait mieux ; ça ne fait rien : on a déjà les posters.

Au retour du Portugal, Boulogne est en effervescence : les uns achèvent la construction de l'Évolution 2, les autres préparent le Safari. Les trois 205 engagées au Kenya sont très largement renforcées dans toutes leurs stuctures. Jean-Pierre Boudy adapte le moteur aux problèmes posés par l'altitude du plateau kenyan, notamment vitesse de rotation du turbo trop élevée. L'étanchéité de la voiture à la poussière fait l'objet de tous les soins, la transmission également : le pignon de cinquième est renforcé, les roulements de boîte de vitesses également, et il faut noter que le rapport final de cinquième (238 kilomètres/heure lors des premiers essais) a été ramené à de plus raisonnables proportions. Les 205 roulent à un peu plus de 200 à l'heure.

« Épreuve d'endurance très contraignante que le Safari : Vatanen est parti prudemment mais, dans le nord du Kenya, il est en passe de prendre la tête, lorsqu'il doit abandonner. Par suite des vibrations, le radiateur avant a bougé et frotté contre le moto-ventilateur. Le temps de voir l'aiguille de température d'eau dans le rouge, et Ari doit abandonner — le joint de culasse a claqué.

Depuis longtemps déjà, Bruno Saby avait lui aussi abandonné ; en arrivant trop fort dans un oued, il n'avait pu éviter de casser le châssis de la voiture. Il nous restait donc ce bon Timo, englué depuis le départ dans un fatras de problèmes techniques, de courroies de distribution cassées, de durites de turbo débranchées, pour ne citer que les plus importants. Il avait forcément un énorme retard, mais je l'avais encouragé : "Tiens bon, lui avais-je dit : on aura besoin de toi."

Une heure après, Ari renonçait, et Timo fut cajolé par toute l'équipe. Il fit un modeste résultat, mais notre rival direct, Audi, ne marquait pas de point. Nous étions au Safari pour préparer 1986 : nous amenions une voiture au bout pour sa première participation, il n'y avait rien à redire. Notre rendez-vous futur était plus important : il s'agissait du Tour de Corse, une sorte d'anniversaire pour l'équipe Peugeot-Talbot Sport et pour la 205 Turbo 16. Et nous voulions le célébrer avec faste, par la présentation d'une nouvelle voiture : l'Évolution 2. »

Même le directeur de l'information d'Automobiles Peugeot, Corrado Provera, participe aux assistances.

Beau joueur, Vatanen félicite un nouveau Finlandais Volant : Juha Kankkunen, qui vient de gagner son premier rallye de championnat du monde.

Double page suivante : La solitude du pistard de fond. Vatanen et Saby ayant tous deux abandonné, Salonen est le seul rescapé de l'équipe Peugeot. Il rejoindra la ligne d'arrivée.

La boue, la poussière, l'eau : toutes les difficultés du Safari.

Équipement spécifique au Kenya pour la 205 Turbo 16, avec renforts, protections de tout ordre, double roue de secours, pare-buffle, et projecteurs latéraux.

Depuis qu'il est entré chez Peugeot-Talbot Sport, André de Cortanze a eu le temps d'analyser sur le plan technique le phénomène 205. Il lui trouve une qualité essentielle : le grand potentiel qu'offre sa conception ultra-sophistiquée. Aussi, en technicien avisé, se passionne-t-il à le développer aussi largement que possible. Les grandes lignes du cahier des charges qu'il a rédigé pour l'Évolution 2 concernent l'allégement, la rigidité, l'accroissement de puissance, et, phénomène nouveau dans la compétition routière, l'aérodynamique. Il s'agit d'un vaste projet, soumis à Jean Todt qui accepte.

Les travaux commencent : les blocs avant et surtout arrière sont rigidifiés. En torsion, l'E2 est 45-50 % plus raide que sa sœur aînée. Du coup, elle remet en question un certain nombre de paramètres, comme les points d'ancrage des suspensions. C'est en partie à cause de ces points qui flanchaient que la première E2, utilisée par Bruno Saby en Corse, sous-virait abominablement.

Sur le moteur, Jean-Pierre Boudy défriche : il doit atteindre les 450 chevaux demandés par de Cortanze. Nouvelle culasse, nouveau turbo (un Garrett), nouvel échappement, nouveau collecteur d'admission, nouvel échangeur à eau, et non plus mixte : la liste est impressionnante. La réduction du poids exige un allégement du vilebrequin et du volant moteur.

A la fin de l'année 1984, le moteur E2 passe au banc d'essai pour la première fois ; il n'est pas totalement prêt. Boudy continue : réadaptation de tous les accessoires, les pompes notamment, optimisation de l'injection Bosch K Jetronic, mise au point de l'ensemble chemise-piston-segments, et, enfin, adaptation de l'injection d'eau.

Fin janvier 1985, le moteur est fiable au banc d'essai : cinquante heures sans problèmes. Installé dans un prototype d'essai, ce même moteur couvre aussitôt quatre mille kilomètres, aux mains de Didier Pironi, Jean-Pierre Beltoise, Kalle Grundel, Gianni del Zoppo, Jean-Pierre Jabouille, Bernard Darniche.

A ce moment-là, André de Cortanze, quoique très content des résultats d'ensemble, n'est pas totalement satisfait. Il manque quelque chose à cette E2, pour qu'elle soit homogène. En la concevant, il a eu l'intuition que les voitures de rallye de l'horizon 85/87 devraient faire appel, comme les voitures de circuit, à l'aérodynamique. C'est la raison pour laquelle il a fait exécuter de nombreux tests en soufflerie, et que l'E2 est pourvue de nombreux appendices. Les concurrentes aujourd'hui dévoilées de la Peugeot (Lancia, Audi, Austin-Rover, Ford) montrent la justesse de cette prévision.

Mais l'aérodynamique est une science complexe à manier. La soufflerie montre néanmoins le bien-fondé de cette première approche : de portante dans sa première version, la

Salonen ayant renoncé dès la première spéciale, Saby fut dès lors le seul représentant de l'équipe Peugeot, avec l'Évolution 2, qui disputait sa première course.

205 est devenue globalement déportante dans sa version E2. Du coup, elle dépayse considérablement Vatanen, Salonen et Saby dans le domaine des réglages.

Au lendemain du Tour de Corse, de Cortanze décide de se rendre sur le circuit « canard » de Michelin pour deux longues journées d'essais avec un metteur au point hors pair : Jean-Pierre Jabouille. Celui-ci utilise une 205 première version, celle qui a servi aux reconnaissances de Salonen en Corse — il la trouve parfaite —, puis l'Évolution 2 de Saby : il la trouve inconduisible. Au terme des essais, l'E2 gagne deux secondes au tour sur sa sœur aînée. Progrès fantastiques : on sait comment fonctionnent les réglages. L'E2 n'a plus aucun secret aujourd'hui pour ses concepteurs et ses pilotes, et, entre deux rallyes, André de Cortanze prépare la 205 Évolution 3, mais ceci est une autre histoire.

« Le Tour de Corse est, avec le Safari, la course qui nous est la moins favorable. Vatanen et moi estimons l'Évolution 2 insuffisamment au point. Nous jouons donc la sécurité : E2 pour Saby et "versions originales" pour Vatanen et Salonen.

Le rallye a rapidement tourné à la catastrophe avec l'accident mortel de ce malheureux Bettega. En ce qui nous concerne, le bilan n'est pas brillant. Salonen, notre "marqueur de points" abandonne dans la première spéciale pour un fil électrique cassé ; l'E2 est décevante, Saby est obligé de se battre pour la garder sur la route ; Vatanen est victime d'une double crevaison et perd vingt-huit minutes. On ne le sait pas encore, mais le rallye est joué : Ari effectue une fois encore une remontée extraordinaire, avant de sortir violemment de la route. Raisonnable, Saby va jusqu'au bout : classé second, il apporte une contribution de seize points à notre classement au championnat du monde. Autre résultat positif du Tour de Corse : l'accord passé entre Aérospatiale et Peugeot-Talbot Sport pour la prestation d'un hélicoptère s'est bien concrétisé, et désormais les deux firmes font route commune dans le championnat du monde. »

L'abandon de Salonen provoque quelques grincements de dents : le fil du capteur d'allumage s'est désolidarisé, et l'alimentation électrique s'est aussitôt interrompue. Jean-Claude Vaucard résout le problème : le fil est désormais renforcé et le capteur d'allumage est doublé.

Vatanen était en passe de prendre la tête lorsqu'il fut victime d'une double crevaison.

Les deux sœurs côte à côte : à droite, l'aînée, à gauche, l'Évolution 2. A l'intérieur de la bulle, les accessoires sont agencés différemment.

l effectua alors une remontée d'anthologie, alignant scratch sur scratch, avant de sortir violemment de la route. L'habitacle de la 205 a bien résisté.

Vatanen a été très légèrement blessé à la jambe, par le cric probablement.

Les trois voitures du Toùr de Corse et leur allié : l'hélicoptère de l'Aérospatiale. De gauche à droite, Harjanne, Salonen, Fauchille, Saby, Harryman et Vatanen.

Bruno Saby ne put disputer la première place à Jean Ragnotti qui conduisait une R5 Turbo. De plus, les consignes de Jean Todt, qu'il est en train de réitérer à Jean-François Fauchille, étaient strictes : assurer la deuxième place.

ACROPOLE

« A l'Acropole, nous sommes revenus aux anciennes voitures. Salonen fait d'entrée le meilleur temps. Deuxième spéciale : Röhrl est arrêté, Vatanen aussi. Ils ont abandonné l'un et l'autre. Pour Ari, le motif est très préoccupant : la colonne de direction de la voiture, mal montée, s'est désaccouplée. Plus de direction, mais par miracle, rien de grave ne s'est produit. De toute façon, Vatanen n'aurait pas pu aller au bout de ce rallye. Sur la caisse de sa voiture, les vis de la chapelle de suspension arrière étaient trop faibles et elles étaient en train de céder. Une nouvelle fois, l'équipe Peugeot est réduite à une unité. Mais Audi est dans la même situation. Le débat est parfaitement clair : c'est Blomqvist contre Salonen.

Et Salonen gagne, après une course de toute beauté, se découvrant lui-même de nouveaux horizons.

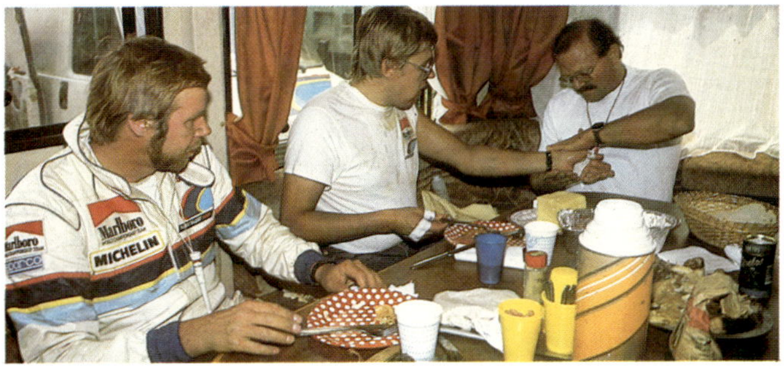

Seul problème de Salonen : des ampoules plein les mains. Mais le docteur Duby veille.

L'Acropole ne ménage pas les voitures. Salonen fit une course exemplaire.

Dernière nuit: Blomqvist a baissé les bras, Salonen assure.

Page de droite: Quoique très motivé après ses abandons successifs, Vatanen était très tendu. Il dut s'incliner devant Salonen, mais les 205 signaient leur premier doublé.

Un mois plus tard, nous embarquons vers le bout du monde, pour la Nouvelle-Zélande, paradis du pilotage. Le terrain est très agréable, les pilotes exultent, tout convient bien à la 205. Les ingénieurs décident de faire abaisser l'assiette des voitures de vingt millimètres, comme sur asphalte : ils vont nous coûter les meilleures performances durant la première étape. Les voitures ont trop de carrossage négatif, on s'en aperçoit en observant nos pneus usagés dans le camion Michelin. Nous corrigeons aussitôt l'erreur, et les voitures retrouvent tout leur mordant.

La course se joue au rythme d'un grand prix : sur les épreuves à prépondérance de lignes droites, les Audi excellent ; dès que le parcours est sinueux, les 205 s'en donnent à cœur joie. Au sommet de la hiérarchie, Salonen se bat avec Röhrl ; derrière eux, Vatanen se bat avec Blomqvist. Je vérifie dans mes notes la configuration du terrain, et je constate que la quatrième étape, en majorité composée d'épreuves spéciales sinueuses, nous est favorable. Vatanen s'est débarrassé de Blomqvist ; il s'attaque à Röhrl, et il en vient à bout. Il se jette alors... sur Salonen. Timo, que j'essaie de rassurer, rétorque par un magnifique temps-scratch dans une épreuve d'une trentaine de kilomètres. Je les coince tous les deux et leur précise que le classement est acquis. L'affaire en reste là. C'est notre premier doublé. »

ARGENTINE

Ci-contre : La Nouvelle-Zélande, paradis du pilotage. Démonstration, de la 205, en grandes courbes s'il vous plaît !

C'est sur une bosse de ce genre que Vatanen et Harryman partirent en tonneaux, se blessant grièvement.

« Moins de trois semaines plus tard, l'équipe Peugeot-Talbot Sport repartait vers l'hémisphère Sud, en direction de Buenos-Aires puis de Cordoba, pour le rallye d'Argentine.

J'avais engagé deux voitures, l'une pour Ari, l'autre pour Timo. Je ne voulais pas changer nos habitudes, je ne voulais pas que nous nous dispersions, comme c'est souvent le cas dans la course automobile : néanmoins, je demandai à nos techniciens de faire un effort supplémentaire après les reconnaissances, pour reconditionner une 205 Turbo 16 et la prêter à Carlos Reutemann.

J'accédais ainsi à la demande de l'automobile-club d'Argentine qui, en 1981, nous avait permis de disputer son rallye dans de bonnes conditions avec la Talbot-Lotus ; je faisais également plaisir à la SEVEL, notre distributeur en Argentine, et, bien sûr, à Carlos Reutemann. J'avais gardé un très bon souvenir de Reutemann. Sa très grande notoriété mise à part, il est pour moi le type même du passionné de course automobile ; il était flatteur de l'avoir dans notre équipe, et j'éprouvai une grande fierté lorsque, au soir du rallye, il déclara que les deux grands événements de sa vie de pilote avaient été sa victoire au grand prix du Brésil de 1981 et le rallye d'Argentine avec la Peugeot 205.

Invité de marque dans l'équipe Peugeot : le pilote argentin Carlos Reutemann, ex-grand champion de formule 1. Il finit la course en troisième position.

Sur le plan technique, cette huitième manche de la saison était délicate. Le terrain était beaucoup plus dur que prévu, et nous avions cassé bon nombre de suspensions, des triangles notamment, comme au Kenya. Audi, notre adversaire le plus coriace, avait expédié là-bas une nouvelle voiture, une nouvelle évolution de la Quattro Sport, qui paraissait impressionnante. Et, de fait, le rallye ne s'annonçait pas comme une partie de plaisir. Il ne le fut pas, mais pour d'autres raisons.

Première épreuve spéciale : Vatanen fait le meilleur temps (11'54"), devant Salonen et Blomqvist ex aequo, à une seconde. Deuxième épreuve spéciale, que nous suivons à bord par la radio locale : nous apprenons que Vatanen n'a pas passé la ligne d'arrivée. Une crevaison peut-être ?

L'hélicoptère revient pratiquement au départ de l'épreuve et ne trouve pas la moindre trace de la voiture. Les secondes commencent de s'écouler, ponctuant l'inquiétude.

Soudain, la radio grésille de nouveau : l'hélicoptère a repéré la voiture. C'est un accident, qui paraît très grave. Et peu à peu, nous apprenons l'étendue du drame par la voix de nos deux mécaniciens, Carlos Dos Barros et Patrice Caillon.

Ils prennent la décision d'évacuer Harryman, conscient, mais victime d'une fracture des vertèbres, et Vatanen, inanimé, sur l'hôpital le plus proche, à Rio Terceiro. La voiture est très endommagée, mais l'habitacle a résisté, comme en Corse. Le carénage inférieur est intact : les mécaniciens y placent Ari pour le transporter vers l'hélicoptère.

Jean Duby, notre médecin, part aussitôt par la route en direction de l'hôpital. A 13 heures, à l'arrivée de la première étape dominée par Salonen, je me rends également à Rio Terceiro avec l'Ecureuil de l'Aérospatiale. Ari n'y est déjà plus. Étant donné la gravité de son état, il a été transporté à l'hôpital de Cordoba.

J'arrive là-bas, je retrouve Duby : "C'est grave, il a de nombreuses fractures, en particulier aux vertèbres, et des problèmes pulmonaires. Il a déjà failli mourir dans l'hélicoptère."

Ari est en radiologie. Interdiction de le voir. Mais je brise le barrage et je parviens à l'approcher pour essayer de me rendre compte de son état... Il me reste en effet à téléphoner à Rita Vatanen.

Une heure plus tard, il est en réanimation : une sorte de couloir de la mort, rempli de blessés grièvement atteints. Avec les traces de l'accident, il est méconnaissable. "Il faut lui parler, me dit-on, car il doit se réveiller." Et je lui parle, sans m'arrêter, jusqu'au moment où il ouvre les yeux, me reconnaît

.e scénario d'une crevaison. En aut, l'hélicoptère veille. Creaison : Harjanne a à peine saisi ɜs outils, que déposé par l'hélicoptère, un mécanicien vient lui rêter main forte. La 205 repart ussitôt, juste devant l'Audi. Saɔnen et Blomqvist achèveront épreuve spéciale dans cet rdre.

rgentine : les contrées d'un autre monde.

et me dit aussitôt : "Jean, est-ce que je pourrai courir de nouveau ?" avant de répéter cent fois la même question : "Mais pourquoi je suis sorti ?"

Chaque étape du rallye prenait fin généralement vers 16 heures. Tous les jours, je suivais donc la progression victorieuse de Salonen, qui passait au deuxième plan, avant de m'envoler vers l'hôpital, dès le parc fermé, pour tenir compagnie à Ari jusque vers 22 heures. C'est là qu'il nous a fallu prendre la décision de l'évacuer vers l'Europe, et de choisir un médecin. Jean Duby avait des contacts avec le professeur Saillant en France, mais, étant donné l'état d'Ari, je voulais que sa famille prenne elle-même les résolutions qu'elle souhaitait. Le samedi 3 août, un Lear 55 venait le chercher à Cordoba, puis faisait escale vingt heures plus tard à Paris, où Rita et le docteur Ostermann décidaient d'emmener Ari à Helsinki.

Le rallye s'achevait ce jour-là, Salonen gagnait, Reutemann était troisième. S'il avait conquis la deuxième place, nous aurions été dès cet instant champions du monde. Dans les circonstances que nous venions de vivre, je ne le souhaitais pas.

Toute l'équipe sans exception vint serrer la main d'Ari ; ce fut un moment à la fois émouvant et pénible.

J'avais interdit qu'on prenne des photos — on photographie un pilote en action et dans la pleine possession de ses moyens, mais en aucun cas lorsqu'il est à terre, blessé — et, pendant le transport de notre ami jusqu'à l'ambulance, je devins méchant. Je menaçais de briser les appareils si des photos étaient prises. Très gentiment, Reutemann vint nous aider.

Au Bourget, les représentants d'une certaine presse étaient également là pour prendre des clichés, mais Duby fut intransigeant, à juste titre même si l'on nous critiqua beaucoup. Ce jour-là Jean Duby se révéla l'homme des situations difficiles, et je lui en sus gré.

Ari fut donc installé dans un autre jet qui partit aussitôt pour la Finlande, tandis que Harryman, immobilisé dans une minerve, était emmené à Belfast en Irlande.

Opéré à Helsinki, Vatanen vécut des moments difficiles : le jeudi, il resta longtemps dans un état jugé critique, avant de montrer un léger mieux, puis de replonger aussitôt dans le coma. Le vendredi, son beau-frère m'annonça qu'il était perdu.

Avec Jean Duby, nous demandons alors au neurologue Philippe Cornu, de l'hôpital de la Pitié, de partir en Finlande de toute urgence. Mais le samedi, au téléphone, Rita est de nouveau pleine d'espoir : "Je te passe Ari, il sait que c'est toi, il veut te parler."

En quelques heures, avec une force inouïe, il avait redressé la situation. Il était sauvé.

Dès cet instant, pour l'équipe Peugeot, la course pouvait continuer comme avant.

Sur cette Quattro privé, Wiedner ralliera l'arrivée en deuxième position, empêchant Peugeot de gagner le championnat du monde dès l'Argentine.

Salonen conquit une nouvelle victoire en Amérique du Sud, malgré quelques péripéties.

Le rallye des 1 000 Lacs allait s'avérer une épreuve ardue : il y avait plusieurs équipes d'usine, et donc de nombreux et excellents pilotes scandinaves. J'avais rapidement décidé de remplacer Vatanen par le Suédois Kalle Grundel, le pilote de notre filiale Peugeot Allemagne, autre éminent spécialiste de ce type d'épreuve. Jean-Pierre Nicolas s'était occupé de tout ce qui le concernait.

Il n'empêche que je doutais beaucoup — une fois de plus — du résultat final. Au premier chef de mes préoccupations : le fait que nous engagions là-bas deux Évolution 2, une voiture sur laquelle Bruno Saby avait, certes, fait beaucoup d'essais, mais que nous retrouvions pour la première fois en course depuis le Tour de Corse.

Et puis, je suis très superstitieux : et tout le monde voulait déjà me faire dire que nous étions champions du monde !... Il fallait, paraît-il, préparer des voitures pour les journaux télévisés, prévoir des rendez-vous avec les journalistes. Bref : j'étais de plus en plus crispé, car je savais que rien n'était fait. La preuve : dès la première spéciale, alors que je lui avais mille fois recommandé d'assurer la sixième place qui nous permettrait de gagner le titre mondial, Grundel sortait de la route comme le premier des débutants.

J'étais furieux et triste. D'abord furieux parce qu'il avait tordu la caisse de la voiture, qu'on ne pouvait plus changer le triangle de suspension — car l'entraxe ne correspondait plus —, qu'il fallait donc ressouder le triangle cassé, ce qui présente un risque considérable surtout dans une course où les voitures ne cessent de sauter et de se recevoir violemment.

Et puis, une nouvelle fois, l'équipe se retrouvait avec une seule et unique voiture capable de disputer la victoire.

J'étais triste : je regardais Grundel pendant la réparation de fortune, et lui, comme un enfant pris en faute, devait se dire : "J'ai manqué la chance de ma vie." Il avait les yeux remplis de larmes.

Heureusement, Timo Salonen fit une course en tout point magnifique, Et, le rallye progressant, l'atmosphère changea notablement. Jean Boillot nous avait rejoints. De mon téléphone, dans la voiture, j'appelais souvent Ari. J'étais content. Timo était souverain, il distançait régulièrement Blomqvist, sans prendre le moindre risque, jusqu'au moment où il nous donna quelques frayeurs à cause d'une petite défaillance du boîtier électronique qui fut immédiatement changé, la 205 avait perdu du terrain sur l'Audi. Elle eut en outre des problèmes de pompe à essence dans la dernière spéciale et nous redoutions qu'elle ne parvienne pas jusqu'à l'arrivée. Grundel, quant à lui, était revenu à la cinquième place, c'était amplement suffisant, mais nous voulions la victoire de Timo, pour triompher avec panache.

Avec André, nous nous rendîmes à notre rendez-vous traditionnel : la sortie de la dernière épreuve spéciale. Par Philippe Jarry et Jean-François Fauchille, nous apprîmes que Timo était bien passé devant la cellule de chronométrage. Et il arriva, notre bon, notre magnifique Timo, juste un peu plus ému que d'habitude. "Merci, nous dit-il, vous êtes une équipe fantastique."

Il était champion du monde des pilotes de rallye ; Peugeot était champion du monde des marques. C'était joué, là, dans ce frais matin finlandais.

Après d'innombrables interviews, Jean Boillot et moi nous rendions directement à la conférence de presse. Elle fut émouvante : par une ligne téléphonique directe au son amplifié, Ari y participa lui aussi. Puis nous partîmes lui rendre visite à l'hôpital pour l'associer ainsi plus fortement à notre succès.

Le soir, après un bon dîner avec Corrado Provera, Jean

Le rallye des 1 000 Lacs en trois photos.
Début de la course, Lancia est en tête, Salonen, dans le sillage d'Alen, Grundel sorti. Chez Peugeot, on est tendu : de gauche à droite, Jean-Pierre Nicolas, Timo Salonen et Jean Todt.
Avec la victoire de Timo, Peugeot atteint son objectif : le championnat du monde. Jean Boillot félicite chaleureusement Salonen.
Jean Todt : le sourire enfin.

Équipage de pointe au rallye des 1 000 Lacs en Finlande : Timo Salonen et Seppo Harjanne.

Kalle Grundel, Suédois, (mais pilote de la filiale Peugeot-Allemagne), remplaçait Vatanen, immobilisé à l'hôpital après son accident en Argentine.

Ci-contre : Grundel se racheta d'une sortie de route par de belles performances.

Boillot et sa femme, Josette, débouchèrent une bouteille de champagne. Et j'en bus deux doigts dans un verre, avec mon fils Nicolas, rompant ainsi une tradition longue de nombreuses années : je déteste l'alcool.

Le lendemain matin, je rentrais à Paris pour me plier aux nombreuses exigences des journalistes, tant furent gigantesques les retombées de notre titre mondial tout neuf.

La vie recommençait.

Plus tout à fait comme avant !

Paris, 30 août 1985 »

MICHELIN

PEUGEOT 205 TURBO 16 CORSE ET GRÈCE 1984

FICHE TECHNIQUE

MOTEUR

Type	XU8T
Disposition	Transversal et Central AR, incliné de 20° vers l'AR
Nombre de cylindres	4
Cylindrée (cm^3)	1 775
Alésage × Course (mm)	83 × 82
Rapport volumétrique	7
Turbo Compresseur	KKK avec soupape de décharge séparée
Pression de suralimentation (bar)	1,2
Échangeur	Mixte Air/Air + Air/Eau
Puissance (ch DIN)	340
Régime correspondant (t/mn)	7 500 t/mn
Couple maxi (mkg DIN)	40
Régime correspondant (t/mn)	5 000
Culasse	Alliage léger
Soupapes	4 par cylindre
Bloc cylindre	Alliage léger
Villebrequin	Acier forgé à 5 paliers
Arbre à cames	2 en acier forgé entraînés par courroie crantée
Alimentation	Injection BOSCH K Jetronic
Filtre à air	Sec à cartouche papier
Allumage	A.E.I. THOMSON
Alternateur	1 400 W Triphasé
Lubrification	Carter sec
Radiateur d'eau	Faisceau Aluminium

TRANSMISSION

- Embrayage	Ventilé, bi-disque à diaphragme. Garniture cero-métallique commande hydraulique
- Boîte de vitesses	Type TJ, 5 rapports
Différentiel (AV-AR)	Train épicycloïdal
Glissement limité	Type ferguson
- Pont AR	Hypoïde
Rapport de couple	9/35
Glissement limité	Z F
- Pont AV	Hypoïde
Rapport de couple	9/35
Glissement limité	Z F
Transmissions transversales AR et AV	1/2 arbres aux roues avec joints tripodes à galets côté pont et RZEPPA côté roue
- Vitesse maxi Corse	190 km/h à 8 000 t/mn

SUSPENSIONS

AVANT	Double triangle avec combiné ressort/amortisseur sur triangle supérieur
ARRIÈRE	— id. —

DIRECTION

Type	A Crémaillère
Tours de butée à butée	2,5

FREINS

Commande	Hydraulique
Circuits	2 circuits AV et AR indépendants avec répartiteur commandé de l'habitacle
Type	Disque ventilés A.P. avec étriers 4 pistons

DIMENSIONS (m)

Empattement	2,540
Longueur	3,825
Largeur	1,674
Jantes	390 mm - Magnésium
Pneumatiques	TRX MICHELIN AV = 20.59 × 390 AR = 23.59 × 390
Poids	940 kg
Capacité Réservoir Carburant	110 litres

FICHE TECHNIQUE

MOTEUR

Type	XU8T
Disposition	Transversal et Central AR, incliné de 20° vers l'AR
Nombre de cylindres	4
Cylindrée (cm^3)	1 775
Alésage × Course (mm)	83 × 82
Rapport volumétrique	7
Turbo Compresseur	KKK avec soupape de décharge séparée
Pression de suralimentation (bar)	1,4
Échangeur	Mixte Air/Air + Air/Eau
Puissance (ch DIN)	350
Régime correspondant (t/mn)	8 000 t/mn
Couple maxi (mkg DIN)	45
Régime correspondant (t/mn)	5 000
Culasse	Alliage léger
Bougies	CHAMPION
Soupapes	4 par cylindre
Bloc cylindre	Alliage léger
Villebrequin	Acier forgé à 5 paliers
Arbre à cames	2 en acier forgé entraînés par courroie crantée
Alimentation	Injection BOSCH K Jetronic
Filtre à air	Sec à cartouche papier
Allumage	A.E.I. THOMSON
Alternateur	1 400 W Triphasé - VALÉO
Lubrification	Carter sec
Radiateur d'eau	Faisceau Aluminium

TRANSMISSION

- Embrayage	Ventilé, bi-disque à diaphragme. Garniture cero-métallique commande hydraulique
- Boîte de vitesses	Type TJ, 5 rapports
Différentiel (AV-AR)	Train épicycloïdal
Glissement limité	Type ferguson
- Pont AR	Hypoïde
Rapport de couple	9/35
Glissement limité	Z F
- Pont AV	Hypoïde
Rapport de couple	9/35
Glissement limité	Z F
Transmissions transversales AR et AV	1/2 arbres aux roues avec joints tripodes à galets côté pont et RZEPPA côté roue
- Roulements de boîtes	SKF

SUSPENSIONS

AVANT	- Double triangle avec combiné ressort/amortisseur BILSTEIN sur triangle supérieur
ARRIÈRE	- Rotules de suspension et de roues SKF

DIRECTION

Type	A Crémaillère
Tours de butée à butée	2,5

FREINS

Commande	Hydraulique
Circuits	2 circuits AV et AR indépendants avec répartiteur commandé de l'habitacle
Type	Disque ventilés A.P. avec étriers 4 pistons Plaquettes VALÉO

DIMENSIONS (m)

Empattement	2,540
Longueur	3,825
Largeur	1,674
Jantes	390 mm - SPEEDLINE
Pneumatiques	TRX MICHELIN AV = 20.59 × 390 AR = 23.59 × 390
Poids	990 kg en version terre
Capacité Réservoir Carburant	55 litres + 20 litres
Carburant et lubrifiant	SHELL
Éclairage	VALÉO
Ceintures de Sécurité	SABELT

PEUGEOT 205 TURBO 16 ÉVOLUTION 2 CORSE 1985

FICHE TECHNIQUE

MOTEUR

Type	XU8T
Disposition	Transversal et Central AR, incliné de 20° vers l'AR
Nombre de cylindres	4
Cylindrée (cm^3)	1 775
Alésage × Course (mm)	83 × 82
Rapport volumétrique	7/1
Turbo Compresseur	GARRETT : avec soupape de décharge séparée
Pression de suralimentation (bar)	2,5
Échangeur	Air/Eau
Puissance (ch DIN)	430
Régime correspondant (t/mn)	7 500
Couple maxi (mkg DIN)	50
Régime correspondant (t/mn)	5 500
Culasse	Alliage léger
Bougies	CHAMPION
Soupapes	4 par cylindre
Bloc cylindre	Alliage léger
Villebrequin	Acier forgé à 5 paliers
Arbre à cames	2 en acier forgé entraînés par courroie crantée
Alimentation	Injection BOSCH K Jetronic
Filtre à air	Sec à cartouche papier
Allumage	A.E.I. THOMSON
Alternateur	1 400 W Triphasé - VALÉO
Lubrification	Carter sec
Radiateur d'eau	Faisceau Aluminium

TRANSMISSION

- Embrayage	Ventilé, bi-disque à diaphragme. Garniture cero-métallique commande hydraulique
- Boîte de vitesses	Type TJ, 5 rapports
Différentiel (AV-AR)	Train épicycloïdal
Glissement limité	Type ferguson
- Pont AR	Hypoïde
Rapport de couple	9/35
Glissement limité	Z F
- Pont AV	Hypoïde
Rapport de couple	9/35
Glissement limité	Z F
Transmissions transversales AR et AV	1/2 arbres aux roues avec joints tripodes à galets côté pont à RZEPPA côté roue
- Roulements de boîtes	SKF

SUSPENSIONS

Avant et arrière	- Double triangle avec combiné ressort/amortisseur BILSTEIN sur triangle supérieur - Rotules de suspension et de roues SKF

DIRECTION

Type	A Crémaillère
Tours de butée à butée	2,5

FREINS

Commande	Hydraulique
Circuits	2 circuits AV et AR indépendants avec répartiteur commandé de l'habitacle
Type	Disque ventilés A.P. avec étriers 4 pistons Plaquettes VALÉO

DIMENSIONS (m)

Empattement	2,540
Longueur	3,825
Largeur	1,674
Jantes	15 pouces SPEEDLINE
Pneumatiques	21 × 59 × 15 AV 25 × 59 × 15 AR — MICHELIN
Poids	910 kg
Capacité Réservoir Carburant	55 litres + 20 litres (variable suivant rallye)
Carburant et lubrifiant	SHELL
Éclairage	VALÉO
Ceintures de Sécurité	SABELT

LES CHÂSSIS « COURSE »

Voici, par numéro de châssis, la nomenclature de toutes les voitures qui ont été utilisées pour tout ou partie des courses disputées en 1984 et 1985 par la 205 turbo 16 : essais, reconnaissances, et rallyes proprement dits.

M1 Reconnaissances Nicolas, Corse 1984. Reconnaissances Nicolas, Acropole 1984. Essais divers, Corse, San Remo, RAC en 1984, Monte-Carlo, Suède en 1985. Reconnaissances Saby, Monte-Carlo 1985. Reconnaissances, Salonen Suède 1985. Vendu écurie Stalder : Darniche, Corse 1985, abandon-pompe à essence.

P4 Reconnaissances Vatanen, Corse 1984. Reconnaissances Vatanen, Acropole 1984.

C1 Course Vatanen, Corse 1984, accident voiture détruite.

C2 Course Nicolas, Corse 1984, quatrième. Reconnaissances Nicolas, San Remo 1984. Reconnaissances Saby, Safari 1985, voiture détruite par un mécanicien.

C3 Course Vatanen, Acropole 1984, abandon-courroie de pompe à huile. Essais, 1000 Lacs 1984. Reconnaissances Vatanen, 1000 Lacs 1984. Essais, Kenya, octobre 1984, voiture détruite par un incendie.

C4 Course Nicolas, Acropole 1984, abandon-étrier de freins cassé. Essais, Kenya, octobre 1984. Reconnaissances Vatanen, Suède 1985. Reconnaissances Vatanen, Safari 1985. Reconnaissances Grundel, 1000 Lacs 1985.

C5 Course Vatanen, 1000 Lacs 1984, voiture victorieuse. Reconnaissances Vatanen, San Remo 1984. Reconnaissances Salonen, Monte-Carlo 1985. Reconnaissances Vatanen, Portugal 1985. Reconnaissances Salonen, Corse 1985. Voiture d'essais comparatifs, Jabouille (circuit Michelin à Clermont) avec Évolution 2 C 201.

C6 Course Nicolas, San Remo 1984, cinquième. Course Saby, Monte-Carlo 1985, cinquième. Reconnaissances Salonen, Portugal 1985. Voiture prêtée à la direction de l'Information Peugeot pour des essais presse. Reconnaissances Saby, Corse 1985. Reconnaissances Salonen, Acropole 1985.

C7 Course Vatanen, San Remo 1984, voiture victorieuse. Course Vatanen, RAC 1984, voiture victorieuse. Reconnaissances Vatanen, Monte-Carlo 1985. Reconnaissances Salonen, Safari 1985. Reconnaissances Vatanen, Argentine 1985.

C8 Course Salonen, Safari 1985, septième.

C9 Course Vatanen, Safari 1985, abandon-joint de culasse grillé.

C10 Course Salonen, Monte-Carlo, troisième. Course Salonen, Suède, troisième. Course Salonen, Acropole 1985, voiture victorieuse. Reconnaissances Salonen, 1000 Lacs 1985.

C11 Course Vatanen, Monte-Carlo 1985, voiture victorieuse. Course Vatanen, Suède 1985, voiture victorieuse. Course Vatanen, Portugal 1985, abandon-suspension arrière arrachée. Reconnaissances Vatanen, Corse 1985. Reconnaissances Vatanen, Acropole 1985.

C12 Course Salonen, Portugal 1985, voiture victorieuse. Course Saby, Safary 1985, accident-voiture endommagée, reconditionnée en coque de secours pour Del Zoppo, filiale Peugeot Italie.

C13 Voiture Grundel, filiale Peugeot Allemagne.

C14 Voiture écurie Alméras, filiale Peugeot Espagne.

C15 Voiture Del Zoppo, filiale Peugeot Italie.

C16 Course Vatanen, Corse 1985, accident-voiture détruite.

C17 Course Vatanen, Acropole 1985, abandon-colonne de direction mal montée. Course Reutemann, Argentine 1985. Reconnaissances Salonen, Argentine 1985.

C18 Course Salonen Nouvelle-Zélande 1985, voiture victorieuse. Course Salonen, Argentine 1985, voiture victorieuse.

C19 Course Vatanen, Nouvelle-Zélande 1985, deuxième, premier doublé Peugeot. Course Vatanen, Argentine 1985, accident, voiture détruite.

C20 Voiture Des O'Dell en Angleterre pour Michaël Sunström.

Évolution 2

P200 Prototype Évolution 2, essais du 18 au 23 mars 1985.

C201 Course Saby, Corse 1985, deuxième. Essais comparatifs Jabouille avec C5. Essais Saby avant Acropole 1985. Essais avant 1000 Lacs 1985. Lire pour C201 : châssis Évolution 2 n° 1.

C202 Course Salonen, 1000 Lacs 1985, voiture victorieuse ayant obtenu à cette date les deux titres mondiaux.

C203 Course Grundel, 1000 Lacs 1985, cinquième.

RÉSULTATS DES COURSES

LES DÉBUTS DE LA 205 TURBO 16

Tour de Corse, 3-5 mai 1984.
30 épreuves spéciales : 1 130,7 km chronométrés sur un parcours total de 1 617,8 km.
Vatanen, premier temps-scratch dès la 2e É.S. Accident dans la 20e É.S. 7 temps-scratches.
Nicolas, classé quatrième. 2 temps-scratches.
Vatanen, leader de la course de la 8e à la 20e É.S.
Vainqueurs : Alen-Kivimaki, Lancia Rallye 037, en 13 h 24′ 56″.

Rallye de l'Acropole, 28-31 mai 1984 (Grèce).
47 épreuves spéciales : 796,6 km. Parcours total de 2 250 km.
Vatanen, abandon-courroie de pompe à huile cassée dans la 32e É.S. 11 temps-scratches.
Nicolas, abandon-caliper de freins cassé dans la 38e É.S.
Vatanen, leader de la course durant la 18e É.S.
Vainqueurs : Blomqvist-Cederberg, Audi Quattro A2, en 10 h 41′ 51″.

Rallye des 1 000 Lacs, 24-26 août 1984 (Finlande).
50 épreuves spéciales : 471 km. Parcours total de 1 420 km.
Vatanen, 31 temps-scratches, leader de la 13e É.S. jusqu'à l'arrivée.
Vainqueurs : Vatanen-Harryman, 205 Turbo 16, en 4 h 08′ 49″.

Rallye San Remo, 30 septembre-5 octobre 1984 (Italie).
54 épreuves spéciales : 826,6 km. Parcours total de 2 612,5 km.
Vatanen, 31 temps-scratches, leader de la 9e É.S. jusqu'à l'arrivée.
Nicolas, cinquième.
Vainqueurs : Vatanen-Harryman, Peugeot 205 Turbo 16, en 8 h 44′ 34″.

RAC Rallye, 25-29 novembre 1984 (Grande-Bretagne).
56 épreuves spéciales : 880 km. Parcours total de 3 200 km.
Vatanen, 34 temps-scratches, leader de la 1re à la 39e É.S., puis de la 43e É.S. jusqu'à l'arrivée.
Vainqueurs : Vatanen-Harryman, 205 Turbo 16, en 9 h 19′ 48″.

1985 : LE CHAMPIONNAT DU MONDE PAR LES CHIFFRES

Rallye Monte-Carlo, 26 janvier-1er février.
33 épreuves spéciales : 860,7 km. Parcours total de 3 883 km.
Vatanen, 21 temps-scratches, premier. Salonen, troisième. Saby, 1 temps-scratch, cinquième.
Leaders successifs : É.S.1, Vatanen ; É.S.2 à É.S.8, Röhrl (Audi) ; É.S.9 à É.S.18, Vatanen ; É.S.19 à É.S.26, Röhrl ; É.S.27 à É.S.34, Vatanen.
Vainqueurs : Vatanen-Harryman, Peugeot 205 Turbo 16, en 10 h 20′ 49″.
Peugeot, 18 points ; Audi, 16 points, Lancia, 8 points ; Renault, 6 points...
Vatanen, 20 points ; Röhrl, 15 points ; Salonen, 12 points ; Blomqvist, 10 points ; Saby, 8 points ; Toivonen, 6 points...

Rallye de Suède, 15-17 février.
29 épreuves spéciales : 514 km. Parcours total de 1 614,9 km.
Vatanen, 16 temps-scratches, premier. Salonen, 7 temps-scratches, troisième.
Leaders successifs : É.S.1, Blomqvist (Audi) ; É.S.2 à É.S.29, Vatanen.
Vainqueurs : Vatanen-Harryman, Peugeot 205 Turbo 16, en 4 h 38′ 49″.
Peugeot, 36 points ; Audi, 32 points ; Lancia, 8 points ; Renault et Mazda, 6 points.
Vatanen, 40 points ; Blomqvist, 25 points ; Salonen 24 points ; Röhrl, 15 points ; Mikkola, 10 points...

Rallye du Portugal, 6-9 mars.
47 épreuves spéciales : 730,5 km. Parcours total de 2 455 km.
Vatanen, 3 temps-scratches, abandon dans la 21e É.S.-suspensio[n] arrachée. Salonen, 8 temps-scratches, premier.
Leaders successifs : É.S.1 et 2, Röhrl (Audi) ; É.S.3 à É.S.7, Biasio[n] (Lancia) ; É.S.8 à É.S.12, Röhrl ; É.S.12 à É.S.20, Biasion ; É.S.21 à É.S.40, Röhrl ; É.S.41 à É.S.47 : Salonen.
Vainqueurs : Salonen-Harjanne, Peugeot 205 Turbo 16, en 8 h 07′ 25″.
Peugeot 54 points ; Audi, 46 points ; Lancia, 24 points ; Toyota, 10 points ; Ford, 8 points...
Salonen, 44 points ; Vatanen, 40 points ; Blomqvist, 35 points, Röhrl, 27 points ; Biasion, 17 points ; Mikkola, 10 points...

Safari Rallye, 4-8 avril
Pas d'épreuve spéciale dans ce rallye. 5 190 kilomètres sur route ouverte. Moyennes horaires à respecter, classement par addition des pénalisations. 99 contrôles horaires.
Vatanen, abandon-joint de culasse grillé, au CH 66.
Salonen, septième. Saby, abandon sur sortie de route au CH 18.
Leaders successifs : CH 1 à CH 5, tous les meilleurs concurrents sont à égalité. CH 6 à CH 9, Alen (Lancia) ; CH 10 à CH 17, Bettega (Lancia) ; CH 18 à CH 39, Waldegaard (Toyota) ; CH 40, Weber (Opel) ; CH 41, Weber et Aaltonen (Opel) ; CH 42 à CH 81, Aaltonen, CH 82 à CH 93 : Weber ; CH 94 à CH 99 : Kankkunen (Toyota).
Vainqueurs : Kankkunen-Gallagher, Toyota Celica Turbo, 318 minutes de pénalisation.
Peugeot, 60 points ; Audi, 46 points ; Toyota, 28 points ; Lancia, 24 points ; Nissan, 18 points ; Opel, 16 points ; Subaru, 9 points, Ford, 8 points...
Salonen, 48 points ; Vatanen, 40 points ; Blomqvist, 35 points, Röhrl, 27 points ; Kankkunen, 20 points ; Biasion, 17 points ; Waldegaard, 15 points...

Tour de Corse, 2-4 mai
30 épreuves spéciales : 1 122 km. Parcours total de 1 603 km.
Vatanen, 10 temps-scratches, abandon sur sortie de route dans la 14e É.S. Salonen, abandon dans la 1re É.S. — fil de capteu[r] d'allumage cassé. Saby, 2 temps-scratches, deuxième ; faisa[nt] débuter l'Évolution 2.
Leaders successifs : É.S.1 à l'arrivée : Ragnotti, Renault 5 Max Turbo.
Vainqueurs : Ragnotti-Thimonier, en 12 h 54′15″.
Peugeot, 76 points ; Audi, 46 points ; Toyota, 28 points ; Lancia, 24 points ; Nissan et Renault, 18 points ; Opel, 16 points ; Alfa-Romeo et Porsche, 14 points...
Salonen, 48 points ; Vatanen, 40 points ; Blomqvist, 35 points, Röhrl, 27 points ; Saby, 23 points ; Kankkunen et Ragnotti, 20 points, Biasion, 17 points ; Waldegaard, 15 points...

Rallye de l'Acropole, 27-30 mai (Grèce)
47 épreuves spéciales : 897,7 km. Parcours total de 2 296 km.
Vatanen, abandon dans l'É.S.2-direction mal montée.
Salonen, 19 temps-scratches, premier.
Leaders successifs : É.S.1 jusqu'à l'arrivée, Salonen.
Vainqueurs : Salonen-Harjanne, Peugeot 205 Turbo 16, en 10 h 20′ 19″.
Peugeot, 92 points ; Audi, 62 points ; Nissan, 30 points ; Toyota, 28 points ; Lancia, 24 points ; Porsche, 22 points ; Mazda, 20 points, Renault, 18 points...
Salonen, 68 points ; Blomqvist, 50 points ; Vatanen, 40 points, Röhrl, 27 points ; Saby, 23 points ; Kankkunen et Ragnotti, 20 points, Biasion, 17 points...

Rallye de Nouvelle-Zélande, 29 juin-2 juillet
46 épreuves spéciales : 995 km. Parcours total de 2 487 km.
Vatanen, 17 temps-scratches, deuxième. Salonen, 16 temps-scratches, premier.

eaders successifs : É.S.1 : Salonen ; É.S.2 : Blomqvist (Audi) ; É.S.3 É.S.15 : Röhrl (Audi) ; É.S.17 : Röhrl ; É.S.18 à É.S.46 : Salonen.
ainqueurs : Salonen-Harjanne, Peugeot 205 Turbo 16, en h 29′ 16″.
eugeot, 112 points ; Audi, 76 points ; Nissan, 38 points ; Toyota, 8 points ; Lancia, Porsche et Renault, 24 points ; Mazda et Subaru, 0 points ; Opel, 16 points...
alonen, 88 points ; Blomqvist, 60 points ; Vatanen, 55 points ; öhrl, 39 points ; Saby, 23 points ; Kankkunen et Ragnotti, 20 points ; iasion, 17 points...

allye d'Argentine, 30 juillet-3 août
3 épreuves spéciales : 958,8 km. Parcours total de 3 080 km.
atanen, 1 temps-scratch, abandon sur accident, dans la 2e É.S. alonen, 12 temps-scratches, premier. Carlos Reutemann, 1 temps-cratch, troisième.
eaders successifs : É.S.1 : Vatanen ; É.S.2 jusqu'à l'arrivée : Sa-onen.
ainqueurs : Salonen-Harjanne, Peugeot 205 Turbo 16, en 0 h 04′ 33″.
eugeot, 130 points ; Audi, 92 points ; Nissan, 50 points ; Renault, 8 points ; Toyota, 28 points ; Lancia et Porsche, 24 points...
alonen, 108 points ; Blomqvist, 60 points ; Vatanen, 55 points ; öhrl, 39 points ; Saby, 23 points ; Kankkunen, Mehta et Ragnotti, 0 points...

allye des 1 000 Lacs, 23-25 août (Finlande)
0 épreuves spéciales : 479 km. Parcours total de 1 438 km.
alonen (205 Évolution 2) 19 temps-scratches, premier. Kalle rundel (205 Évolution 2) 2 temps-scratches, cinquième.
eaders successifs : É.S.1 à É.S.4 : Salonen ; É.S.5 à É.S.11 : Alen ancia) ; É.S.12 jusqu'à l'arrivée : Salonen.
ainqueurs : Salonen-Harjanne, Peugeot 205 Turbo 16 volution 2, en 4 h 10′ 35″.
eugeot, 142 points ; Audi, 108 points ; Nissan, 50 points ; Renault t Lancia, 38 points ; Toyota, 34 points ; Porsche, 24 points...
alonen, 124 points ; Blomqvist, 75 points ; Vatanen, 55 points ; öhrl, 39 points ; Saby, 23 points...
e calendrier mondial des constructeurs comporte encore deux preuves (San Remo et RAC), le calendrier mondial des pilotes rois épreuves (San Remo, Côte-d'Ivoire, RAC) ; mais ni Peugeot i Timo Salonen ne peuvent plus être dépossédés de leur osition. Ils sont champions du monde.

CRÉDITS PHOTOGRAPHIQUES

Bernard Asset/Vandystadt : p. 9 (en bas), 107, 109 (les deux photos en bas).

Automobiles Peugeot : p. 27, 28, 29, 30, 31, 32-33, 34, 36, 40, 41, 42-43, 43, 51, 56, 57, 58, 103 (en haut).

Auto-Press : p. 99

Bernard Bakalian/Gamma : p. 119 (en bas à droite), 121.

William Borel/Auto-Journal : Garde 1, p. 92, 94, 95 (haut), 96 (bas).

Collection Privée : p. 15, 17 (à droite), 18, 19, 20, 21, 23, 24 (en haut à gauche, en bas à droite), 26, 36.

Adolf Conrath : p. 16.

Foster and Skeffington : p. 21 (en haut).

Reinhardt Klein/Automobiles Peugeot : p. 8, 9 (en haut), 12-13, 60, 61, 62, 64-65, 68-69, 70, 76, 76-77, 78, 79 82 (en haut et en bas), 82-83, 86-87, 88, 100 (en haut, et au centre à gauche), 101, 102, 104-105, 106 (en haut à droite, et en bas), 108, 108-109, 110, 112 (en haut), 114, 117 (au centre, à gauche).

Gilles Levent/DPPI : P. 9 (en haut, 18 (à gauche), 19 (à gauche), 20, 22, 24 (en bas à gauche), 89, 95 (en haut), 98, 100 (en bas), 102 (en haut), 103 (en bas), 106 (en haut, à gauche), 111 (en haut), 115, 116, 117 (en haut), 119 (en bas au centre).

Catherine Lory : p. 24 (en haut à droite).

Photos-actualités : p. 17 (à gauche).

Paris Match : p. 96 (en bas).

Saulnier Maisonnasse/Automobiles Peugeot : couverture, p. 11, 14, 54, 63, 66, 72-73, 74, 75, 80-81, 82 (au milieu), 84, 85, 90-91, 106 (en haut à droite, et en bas), 112 (en bas), 118, 119 (en bas, à gauche), Dos de couverture.

Maquette Jacques Maillot
Photocomposition SCCM
Photogravure OFFSET-ESSONNE
Reliure SIRC
Achevé d'imprimer sur les presses
de l'Imprimerie HÉRISSEY à Évreux

Dépôt légal : Novembre 1985
Numéro d'édition : 15056
Numéro d'imprimeur : 38362
Imprimé en France

Ils ont été les artisans du triomphe de la 205 Turbo 16

Jean TODT, directeur Bruno SABY, pilote
Jean-François FAUCHILLE, copilote Seppo

Ahmed AFROUG, gardien Michelle ALBOUZE, service d
mécanicien Roland ARENA, chef d'équipe, Guy A
Victorio BALLIANA, entretien Patrick BAUDIN
Alfonso BENITEZ, mécanicien Jean-Louis BERF
M'Hamd BIZGANE, gardien Patrick BONVALOT,
Patrice BOZZOLO, dessinateur Daniel BREDEL,
Patrice CAILLON, chef d'équipe Michel CALDER, méca
responsable club PTS Éric CARRARA, technicien explo
chef d'équipe transmission Michel COLINET, service ac
chef département technique Jean-Luc COUDOUR, chau
mécanicien Carlos DOS BARROS, chef d'équipe
secrétaire Philippe GAMBIER, mécanicien Jean-P
boutique PTS P.-Aimé GIRARDOT, magasinier
Andrée GRIFFIOEN, secrétaire Jacques GROUSSA
Christian GUYARD, vendeur Dominique HAUP
Philippe JARRY, responsable homologation Pierre JU
Gérard LAGNEAU, mécanicien moteurs Bruno L
Pierre LE PHILIPPE, chef d'équipe Jacques LEVAC
Michel LLORET, service achats Michel LOUCHE, méca
mécanicien moteurs Pascal MAIMON, mécanicien
mécanicien Dominique MARION, mécanicien Pas
Michel MEUNIER, dessinateur Joël MONFORT,
Jean-Pierre NICOLAS, chef département promotion D
Thierry PENNET, mécanicien moteurs Alain PE
Philippe PLU, mécanicien Avila RAVIER, secrétaire
mécanicien Jean-Michel RIVARD, mécanicien
coursier Jean SABON, magasinier Michel S
Jean-Paul SANSIQUET, vendeur Jean-Pierre SCHWA
Danièle TREVISANELLO, responsable administratif A
mécanicien Jean-Claude VAUCARD, ingénieur étude
secrétariat technique.